本書の特色と使い方

とてもゆっくりていねいに、段階を追った読解学習ができます。

・一シートの問題量を少なくして、ゆったりとした紙面構成で、読み書きが苦手な子どもでも、ゆっくりていねいに段階を追って学習することができます。

・漢字が苦手な子どもでも学習意欲が減退しないように、問題文の全てをかな文字で記載しています。

児童の個別学習の指導にも最適です。

・文学作品や説明文の読解の個別指導にも最適です。

・読解問題を解くとき、本文を二回読むようにご指導ください。その後、問題文をよく読み、本文から答えを見つけます。

光村図書・東京書籍・教育出版国語教科書などから抜粋した物語・説明文教材、ことば・文法教材の問題などを掲載しています。

・教科書掲載教材を使用して、授業の進度に合わせて予習・復習ができます。

・三社の優れた教科書教材を掲載しています。ぜひご活用ください。

の子も理解できるよう、長文は短く切って掲載しています。

・長い文章の読解問題の場合は、読みとりやすいように、問題文を二つなどに区切って、問題文と設問に[1]、[2]…と番号をつけ、短い文章から読みとれるよう配慮しました。

・読解のワークシートでは、設問の中で着目すべき言葉に傍線（サイドライン）を引いておきました。

・記述解答が必要な設問については、答えの一部をあらかじめ解答欄に記載しておきました。

学習意欲をはぐくむ工夫をしています。

・できるだけ解答欄を広々と書きやすいよう配慮しています。

・内容を理解するための説明イラストなども多数掲載しています。

・イラストは色塗りなども楽しめます。

※**ワークシートの解答例について**（**お家の方や先生方へ**）

本書の解答は、あくまでもひとつの「解答例」です。お子さまに取り組ませる前に、必ず指導される方が問題を解いてください。指導される方の作られた解答をもとに、お子さまの多様な考えに寄り添って○つけをお願いします。

もっと　ゆっくり　ていねいに学べる

読解ワーク　基礎編

（光村図書・東京書籍・教育出版の教科書教材などより抜粋）

目次　6-②

詩　物語　説明文　古典　伝記　ずい筆

言葉

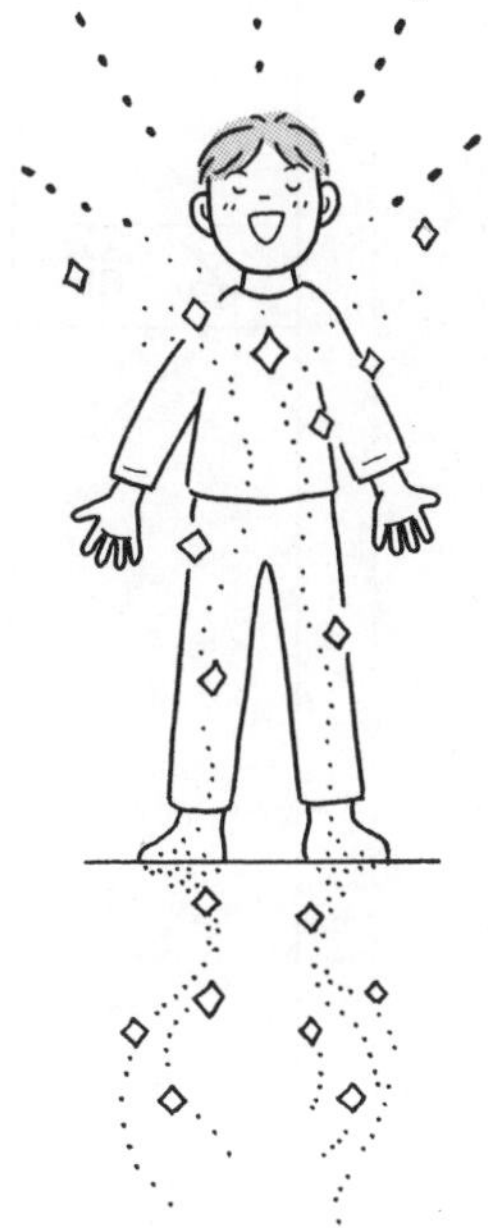

季節の言葉

秋深し (1)

名前

「秋」といっても、時期によって、見られる風景はさまざまです。

「秋」には、順に、立秋（八月八日ごろ）・処暑（八月二十三日ごろ）・白露（九月八日ごろ）・秋分（九月二十三日ごろ）・寒露（十月八日ごろ）・霜降（十月二十三日ごろ）の六つの言葉があります。

(1) 次の言葉の読み方を□から選んで書きましょう。

① 立秋

② 処暑

③ 白露

④ 秋分

⑤ 寒露

⑥ 霜降

・はくろ　・かんろ　・りっしゅう
・そうこう　・しゅうぶん　・しょしょ

(2) 次の㋐～㋕の言葉を、季節が来る順番にならべかえて□に記号で書きましょう。

㋐ 霜降　㋑ 寒露　㋒ 処暑
㋓ 立秋　㋔ 白露　㋕ 秋分

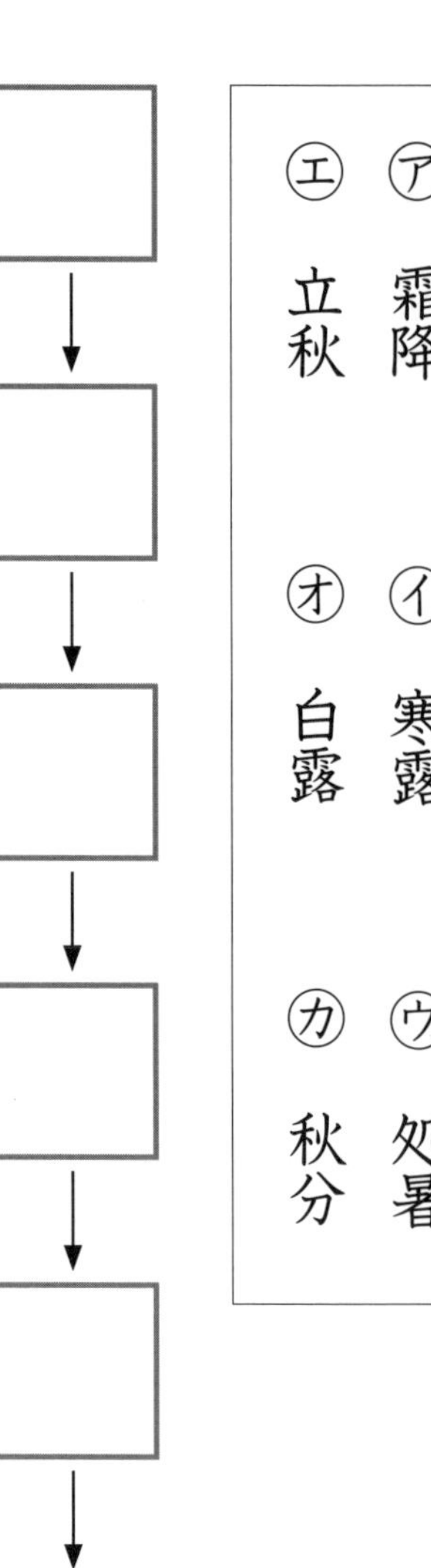

季節の言葉 秋深し（2）

名前

（1）次の言葉の意味にあてはまる説明を下から選び、——線で結びましょう。

①立秋【りっしゅう】（八月八日ごろ）　・　・

②処暑【しょしょ】（八月二十三日ごろ）　・　・

③白露【はくろ】（九月八日ごろ）　・　・

- 暑さがやむという意味です。立秋から十五日目に当たる日です。このころからすずしくなり始めます。
- 草木の葉につゆが結ぶころです。このころから、だんだん秋らしい感じが増してきます。
- こよみのうえで、秋が始まる日です。まだ残暑は厳しいですが、ふく風に、秋が近いことが感じられるようになります。

（2）次の言葉の意味にあてはまる説明を下から選び、——線で結びましょう。

①秋分【しゅうぶん】（九月二十三日ごろ）　・　・

②寒露【かんろ】（十月八日ごろ）　・　・

③霜降【そうこう】（十月二十三日ごろ）　・　・

- しもが降りるころです。虫の音が少なくなり、寒さが増して、冬が近づいてきたことが感じられるようになります。
- 昼と夜がほぼ同じ長さになります。この日以降、夜の時間が長くなっていきます。秋のひがんの中日でもあります。
- 冷気に当たって、つゆもこおりそうになるころです。木の葉も、紅葉したり、葉が落ちたりするようになります。

古典芸能の世界 (1)

狂言

名前

● 次の文章を二回読んで、答えましょう。

狂言

㋐狂言は、室町時代に行われるようになった演劇で、その内容は観客を笑わせる喜劇です。

多くの作品が、二、三人の登場人物で上演され、せりふやしぐさを中心としたものになっています。

また、㋑狂言は、何もない舞台の上で演じられます。

そのため、役者自身が、動物の鳴き声や鐘の音などを声に出して表現します。観客は、そこから様子を想像して楽しむのです。

（令和二年度版　光村図書　国語　六　創造「古典芸能の世界」による）

(1) 何という古典芸能についての説明ですか。

□□

(2) ㋐狂言は、何時代に行われるようになった演劇ですか。

□□時代

(3) ㋐狂言は、どんな内容の演劇ですか。○をつけましょう。

（　）観客を感動させる演劇。

（　）観客を笑わせる喜劇。

(4) ㋑狂言は、どんな舞台の上で演じられますか。

□□□□舞台の上。

(5) だれが、動物の鳴き声や鐘の音などを声に出して表現しますか。

□□自身

古典芸能の世界 (2)

歌舞伎

名前

次の文章を二回読んで、答えましょう。

歌舞伎

歌舞伎は、江戸時代に誕生した、音楽やおどり、登場人物のせりふやしぐさといった要素を合わせた演劇です。

歌舞伎には、独特な演出や演技があります。

隈取……筋肉などを強調した表現で、表情や役がらを印象づける化粧のしかた。

見得を切る…見せ場で体の動きを止めて、目を大きく開いてにらむ動き。

隈取
見得を切る

（令和二年度版　光村図書　国語　六　創造「古典芸能の世界」による）

(1) 何という古典芸能についての説明ですか。ひらがなで書きましょう。

□□□

(2) 歌舞伎は、何時代に誕生した演劇ですか。

〔□□時代〕

(3) 歌舞伎は、どんな内容の演劇ですか。○をつけましょう。

（　）音楽やおどり、登場人物のせりふやしぐさといった要素を合わせた演劇。

（　）せりふやしぐさだけで、いろいろな様子を表現する演劇。

(4) 次の説明は、歌舞伎の独特な演出や演技の説明です。「隈取」の説明には（く）「見得を切る」の説明には（み）と、（　）に書きましょう。

（　）見せ場で体の動きを止めて、目を大きく開いてにらむ動き。

（　）筋肉などを強調した表現で、表情や役がらを印象づける化粧のしかた。

狂言　柿山伏　(1)

名前

● 次の文章を二回読んで、答えましょう。

山伏　やい、やい、やい、やい、やい。

柿主　そりゃ、見つけられたそうな。かくれずはなるまい。（と、顔をかくす。）

山伏　されぱこそ、顔をかくいた。（かくした。）あの柿の木のかげへかくれたを、ようよう（よくよく）見れば、人ではないと見えた。

柿主　まず㋐落ち着いた。人ではないと申す。

山伏　あれは　からすじゃ。

柿主　やあ、からすじゃと申す。

山伏　からすならば鳴くものじゃが、おのれは鳴かぬか。

柿主　これは㋑鳴かずは　なるまい。

山伏　おのれ、鳴かずは人であろう。その弓矢をおこせ（よこせ）、一矢に射殺いてやろう。

柿主　㋒こかあ、こかあ、こかあ、こかあ、こかあ。

※落ち着いた。…安心した。

（令和二年度　光村図書　国語　六　創造「狂言　柿山伏」による）

(1) 上の狂言の登場人物を、二人書きましょう。
※習っていない漢字はひらがなで書きましょう。

・［　　　　］
・［　　　　］

(2) 山伏が、まず㋐落ち着いた（安心した）と言ったのは、なぜですか。

［柿主が「かくれたのは□□□□□と見えた。」と言ったから。］

(3) 柿主は、㋑鳴かずは何であろうと言っていますか。

［おのれ、鳴かずは□であろう。］

(4) 山伏が、㋒こかあと言っていますが、何の鳴きまねですか。

□□□

狂言　柿山伏　(2)

名前

● 次の文章を二回読んで、答えましょう。

柿主　（笑って）さればこそ、鳴いたり鳴いたり。また、あれをようよう見れば、㋐からすではのうて　さるじゃ。

山伏　やあ、今度はさるじゃと申す。

柿主　㋑さるならば、身せせりをして鳴くものじゃが、おのれは鳴かぬか。

山伏　身せせりをして、鳴かずはなるまい。

柿主　おのれ、鳴かずは人であろう。そのやりを持てこい、つき殺いてやろう。

山伏　（手でこしをかくようにしながら）㋒きゃあ、きゃあ、きゃあ、きゃあ。

柿主　（笑って）鳴いたり鳴いたり。さてさて㋓きゃつは、物まねの上手なやつじゃ。何ぞ、困ることはないか知らぬ。

※身せせり…毛づくろい

（令和二年度　光村図書　国語　六　創造「狂言　柿山伏」による）

(1) 柿主は、㋐からすではのうて、何じゃ。と言っていますか。

□□

(2) 柿主は、㋑さるならば、何をして鳴くものじゃと言っていますか。

さるならば □□□□ をして鳴くものじゃ。

(3) 山伏が、㋒きゃあ、きゃあ、と鳴きまねをしたのは、なぜですか。○をつけましょう。

（　）柿主が、鳴いてほしいと言っているから。

（　）柿主が、人であるとわかれば、やりでつき殺すと言っているから。

(4) 柿主は山伏のことを、㋓きゃつは、どんなやつだと言っていますか。

□□□ の □□□ やつじゃ。

季節の言葉

冬のおとずれ (1)

名前

「冬」といっても、時期によって、見られる風景はさまざまです。「冬」には、順に、立冬（十一月七日ごろ）・小雪（十一月二十二日ごろ）・大雪（十二月七日ごろ）・冬至（十二月二十二日ごろ）・小寒（一月五日ごろ）・大寒（一月二十日ごろ）の六つの言葉があります。

(1) 次の言葉の読み方を□から選んで書きましょう。

① 立冬 ［　　］
② 小雪 ［　　］
③ 大雪 ［　　］
④ 冬至 ［　　］
⑤ 小寒 ［　　］
⑥ 大寒 ［　　］

・だいかん　・とうじ　・しょうせつ
・りっとう　・たいせつ　・しょうかん

(2) 次の㋐〜㋕の言葉を、季節が来る順番にならべかえて□に記号で書きましょう。

㋐ 小雪　㋑ 冬至　㋒ 小寒
㋓ 大寒　㋔ 立冬　㋕ 大雪

□ → □ → □ → □ → □ → □

季節の言葉

冬のおとずれ (2)

名前

(1) 次の言葉の意味にあてはまる説明を下から選び、——線で結びましょう。

①【りっとう】立冬（十一月七日ごろ）・　・

②【しょうせつ】小雪（十一月二十二日ごろ）・　・

③【たいせつ】大雪（十二月七日ごろ）・　・

寒さはまだ深まってはいませんし、雪もそれほど多くはないころです。冬の気配は進んできます。

こよみのうえで、冬が始まる日です。まだ秋の気配は残っていますが、だんだん冬に近づいていきます。

寒気が増し、雪も激しくなってくるころです。この日を過ぎると、いっそう冬らしくなります。

(2) 次の言葉の意味にあてはまる説明を下から選び、——線で結びましょう。

①【とうじ】冬至（十二月二十二日ごろ）・　・

②【しょうかん】小寒（一月五日ごろ）・　・

③【だいかん】大寒（一月二十日ごろ）・　・

一年の中で、昼の時間が最も短く、夜の時間が最も長い日です。かぼちゃなど、特定の食べ物を食べる習わしがあります。

一年の中で最も寒い時期です。「寒」が明けて立春になると、春が近づいてきます。

この日から立春になるまでの期間を「寒」といいます。小寒は「寒の入り」ともいわれます。

ぽくぽく

名前

● 次の詩を二回読んで、答えましょう。

〈ぽくぽく〉

八木　重吉

ぽくぽく
ぽくぽく
まりを　ついていると
にがい　にがい　いままでのことが
ぽくぽく
ぽくぽく
むすびめが　ほぐされて
花がさいたようにみえてくる

※まり…ボールのこと
※ほぐす…もつれたものをほどく。かたくなったものをやわらかくする。

（令和二年度版　光村図書　国語　六　創造　八木　重吉）

(1) この詩の中で、四回くりかえされている言葉を書きましょう。

□□□□

(2) にがい　にがい　いままでのこと　とありますが、どんなことを言っていると思いますか。○をつけましょう。

（　）失敗したことや、悲しかったこと。

（　）うれしかったことや、楽しかったこと。

(3) まりをついていると、にがいにがい　いままでのことは、どんなふうにみえてくると書いてありますか。□に言葉を書きましょう。

むすびめが
□□□□て
□□□が
ようにみえてくる

動物たちの恐ろしい夢のなかに

名前

● 次の詩を二回読んで、答えましょう。

動物たちの恐ろしい夢のなかに

川崎　洋

犬も
馬も
夢をみるらしい

動物たちの
恐ろしい夢のなかに
人間がいませんように

(令和二年度版　光村図書　国語　六　創造　川崎　洋)

(1) どの動物が夢をみるらしいと書いてありますか。二つ書きましょう。

〔　　　　〕〔　　　　〕

(2) 詩に書かれている動物たちとは、どんな動物のことをいっていますか。○をつけましょう。

(　) 犬と馬だけ。
(　) 犬と馬のほかにも、いろいろなたくさんの動物。

(3) この詩では、どんなことを願っていますか。□に言葉を書きましょう。

動物たちの
恐ろしい□の□□に
□□がいませんように

人を引きつける表現　(1)

名前

● 次の詩を二回読んで、答えましょう。

書いてある内容は同じでも、どう表現するのかによって、味わいはちがってきます。いくつかの作品をもとに、表現の工夫について考えてみましょう。

つき

でたでた　つきが
まるいまるい　まんまるい
ぼんのような　つきが

㋐「つき」という歌の歌詞を見てみましょう。どのような表現の工夫があるでしょうか。
まず、言葉の順番が、㋑ふつうとはちがっていることに気づきます。「でた」が先に、「つきが」が後になっています。㋒先に言うことで、月が「でた」ことが強調されています。

(令和二年度版　光村図書　国語　六　創造「言葉について考えよう」による)

(1) 書いてある内容が同じでも、どう表現するのかによって、何がちがってきますか。

□□□

(2) ㋐「つき」という歌の歌詞は、何がふつうとはちがっていますか。

□□の□□。

(3) ㋑ふつうとはちがっている言葉の順番は、どうなっていますか。

「□□」が先に、「□□□」が後になっています。

(4) 「でた」を㋒先に言うことで、何が強調されますか。

□が「□□」ことが強調されます。

人を引きつける表現 (2)

名前

● 次の文章を二回読んで、答えましょう。

㋐

つき
でてた　つきが
まるいまるい　まんまるい
ぼんのような　つきが

　また、「でてた」のようなくり返しも、大切な表現の工夫です。くり返すことで、そのことが強く印象づけられるとともに、調子のよいリズムも生まれます。
　さらに、満月の「まるい」形が、「ぼんのような」とたとえられています。このように、似ているものにたとえる表現を、比喩とよびます。「まるいぼん」が「まるい月」の比喩となっていることで、身近な印象をあたえるとともに、「まんまるい」形をしていることがよく伝わってきます。「月が顔を出す」という表現を見かけることがありますが、「月」に対して「顔を出す」という言葉を使うのも、比喩的な発想の表現ですね。

（令和二年度版　光村図書　国語　六　創造「言葉について考えよう」による）

(1) 「でてた」と同じ、くり返しの表現の工夫を、㋐の「つき」という歌の歌詞から見つけて書きましょう。

(2) くり返すことで、そのことが強く印象づけられるとともに、何が生まれますか。八文字で書きましょう。

も生まれます。

(3) 満月の「まるい」形は、どのようにたとえられていますか。

「　　　　　　」とたとえられています。

(4) 月が顔を出すとは、どんな様子ですか。○をつけましょう。

(　) 雲の切れ目から、かくれていた月が見えた様子。

(　) 月がうさぎの顔のように見える様子。

海の命 (1)

名前

● 次の文章を二回読んで、答えましょう。

もぐり漁師だった太一の父は、漁の最中に死んでしまったが、太一は、中学を卒業後、与吉じいさの弟子になり、一本づりの漁師になった。弟子になって何年もたったころ、与吉じいさは、太一に「おまえは村一番の漁師だよ。」と言った。与吉じいさの死後、たくましい若者になった太一は、父が死んだ辺りの瀬（水の流れが速いところ）にもぐるようになった。

1

追い求めているうちに、㋐不意に夢は実現するものだ。太一は海草のゆれる㋑穴のおくに、青い宝石の目を見た。

2

海底の砂に㋒もりをさして場所を見失わないようにしてから、㋓太一は銀色にゆれる水面にうかんでいった。

※もり…魚などをつきさしてとる、先のとがった道具。

（令和二年度版　光村図書　国語　六　創造　立松　和平）

1

(1) ㋐不意にという言葉の意味に合うものに○をつけましょう。

（　）急に。

（　）予想していた通りに。

(2) 太一は、㋑穴のおくに何を見ましたか。

2

(1) 太一が、海底の砂に㋒もりをさしたのは、何のためでしたか。

［　　　　］を見失わないようにするため。

(2) ㋓太一は銀色にゆれる水面にうかんでいった。とは、どういうことですか。○をつけましょう。

（　）海の底で泳ぎつづけた。

（　）海の底から、水面に向かってのぼっていった。

※「海の命」の教材は、令和二年度版　東京書籍　新しい国語　六　にも掲載されています。

海の命 (2)

名前

● 次の文章を二回読んで、答えましょう。

息を吸ってもどると、
同じ所に同じ青い目がある。
㋐ひとみは
黒いしんじゅのようだった。
刃物のような㋑歯が並んだ
灰色の㋒くちびるは、
ふくらんでいて大きい。
魚がえらを動かすたび、
㋓水が動くのが分かった。
岩そのものが㋔魚のようだった。
全体は見えないのだが、
百五十キロは
ゆうにこえて
いるだろう。

（令和二年度版 光村図書 国語 六 創造 立松 和平）

(1) ㋐ひとみは、何のようでしたか。

[　　　　]

(2) 並んだ㋑歯は、何のようでしたか。

[　　　　]

(3) ㋒くちびるは、どんな様子ですか。

[　　] 色で、ふくらんで いて [　　]。

(4) 魚がどうするたびに、㋓水が動くのが分かりましたか。

[　　　　] たび。

(5) ㋔魚のようだったのは、何ですか。

※「海の命」の教材は、令和二年度版 東京書籍 新しい国語 六 にも掲載されています。

海の命 (3)

名前

● 次の文章を二回読んで、答えましょう。

太一は、海中の穴のおくに、百五十キロはゆうにこえている大きな魚を見つけた。

1

興奮していながら、太一は冷静だった。これが自分の追い求めてきたまぼろしの魚、村一番のもぐり漁師だった父を破った瀬の主なのかもしれない。

※興奮…気持ちが高ぶること。
※冷静…落ち着いていること。
※まぼろしの魚…いるかいないか分からない魚。

2

太一は鼻づらに向かってもりをつき出すのだが、クエは動こうとはしない。そうしたままで時間が過ぎた。太一は永遠にここにいられるような気さえした。しかし、息が苦しくなって、またうかんでいく。

（令和二年度版　光村図書　国語　六　創造　立松　和平）

1

(1) 大きな魚と向かい合っている太一の気持ちに合うものに○をつけましょう。

（　）興奮するばかりだった。

（　）興奮していても、冷静だった。

(2) 太一が㋐追い求めてきた魚はどんな魚ですか。

［　　　　］の魚。

父を破った［　　　］。

2

(1) 大きな魚の名前を書きましょう。

［　　］

(2) 太一は㋑鼻づらに向かってもりをつき出すのだが、クエは、どうしていましたか。

クエは［　　　］とはしない。

※「海の命」の教材は、令和二年度版　東京書籍　新しい国語　六　にも掲載されています。

海の命 (4)

名前

● 次の文章を二回読んで、答えましょう。

1

　もう一度もどってきても、瀬の主は全く動こうとはせずに太一を見ていた。おだやかな目だった。この大魚は自分に殺されたがっているのだと、太一は思ったほどだった。これまで数限りなく魚を殺してきたのだが、こんな感情になったのは初めてだ。

※数限りなく…数えきれないほどたくさん。

2

この魚をとらなければ、本当の一人前の漁師にはなれないのだと、太一は泣きそうになりながら思う。

（令和二年度版　光村図書　国語　六　創造　立松　和平）

1

(1) 太一がもう一度もどってきても、㋐瀬の主はどんな様子でしたか。二つに○をつけましょう。

（　）にげていなくなっていた。

（　）全く動こうとしなかった。

（　）太一を見ていた。

(2) ㋐瀬の主は、どんな目で太一を見ていましたか。

目。

(3) 瀬の主（大魚）の様子から、太一はどんなふうに思いましたか。

この大魚は自分に

のだと、太一は思ったほどだった。

2

(1) この魚をとらなければ、何にはなれないのだと、太一は思いましたか。

※「海の命」の教材は、令和二年度版　東京書籍　新しい国語　六　にも掲載されています。

海の命 ⑸

名前

● 次の文章を二回読んで、答えましょう。

1

水の中で太一は
ふっとほほえみ、
口から銀のあぶくを出した。
もりの刃先を足の方にどけ、
㋐クエに向かって
もう一度えがおを作った。

2

「おとう、
ここにおられたのですか。
また会いに来ますから。」
こう思うことによって、
太一は瀬の主を
殺さないで済んだのだ。
㋑大魚は
この海の命だと
思えた。

（令和二年度版　光村図書　国語　六　創造　立松　和平）

1

⑴ 水の中で太一は、どうしましたか。

ふっと［　　　　］、
口から銀の［　　　　］を
出した。

⑵ 太一が、㋐クエに向かってもう一度何を作りましたか。

［　　　］を作った。

2

⑴ 太一は、どう思うことによって、瀬の主を殺さないで済みましたか。上の文から見つけ書きうつしましょう。

「　　　　　　　　」

⑵ 太一は、㋑大魚のことを何だと思えたのですか。

この［　　　］だと
思えた。

※「海の命」の教材は、令和二年度版　東京書籍　新しい国語　六　にも掲載されています。

海の命 (6)

● 次の文章を二回読んで、答えましょう。

名前

1

やがて、太一は
村のむすめとけっこんし、
子どもを四人育てた。
男と女と二人ずつで、
みんな元気で
やさしい子どもたちだった。
㋐母は、おだやかで満ち足りた、
美しいおばあさんになった。

2

太一は村一番の漁師で
あり続けた。千びきに
一ぴきしかとらないのだから、
海の命は全く変わらない。
巨大なクエを
岩の穴で
見かけたのに
もりを打たなかったことは、
もちろん太一は㋑生涯
だれにも話さなかった。

※生涯…生きている間。

（令和二年度版　光村図書　国語　六　創造　立松　和平）

1

(1) 太一は、何人の子どもを育てましたか。

□□

(2) 太一の㋐母は、どんなおばあさんになりましたか。○をつけましょう。

(　) 元気できびしいおばあさん。

(　) おだやかで満ち足りた、美しいおばあさん。

2

(1) 太一は、どんな漁師であり続けましたか。

□□□ の漁師。

(2) 太一が㋑生涯だれにも話さなかったことは、どんなことですか。

巨大な □□ を岩の穴で見かけたのに □□ を打たなかったこと。

※「海の命」の教材は、令和二年度版　東京書籍　新しい国語　六　にも掲載されています。

生きる（1）

名前

● 次の詩は「生きる」という詩の第一連です。二回音読して、答えましょう。

生きる

谷川　俊太郎

生きているということ
いま生きているということ
それはのどがかわくということ
木もれ陽がまぶしいということ
ふっと或るメロディを思い出すということ
くしゃみすること
あなたと手をつなぐこと

（令和二年度版　光村図書　国語　六　創造　谷川　俊太郎）

(1)「いま生きているということ」として書かれていることを五つ書きましょう。

① それは［　　］がかわくということ

② 木もれ陽が［　　　　］といういこと

③ ふっと或る［　　　　］を思い出すということ

④ ［　　　　］すること

⑤ あなたと［　］を［　　　］こと

生きる (2)

● 次の詩は「生きる」という詩の第二連です。二回音読して、答えましょう。

生きているということ
いま生きているということ
それはミニスカート
それはプラネタリウム
それはヨハン・シュトラウス
それはピカソ
それはアルプス
すべての美しいものに出会うということ
そして
かくされた悪を注意深くこばむこと

※こばむ…ことわる。応じない。

（令和二年度版 光村図書 国語 六 創造 谷川俊太郎）

(1) 「いま生きているということ」として書かれていることを、七つ書きましょう。

① それは

② それは

③ それは

④ それは

⑤ それは

⑥ すべての　　　ものに　出会うということ

⑦ かくされた　　　を　注意深く　　　こと

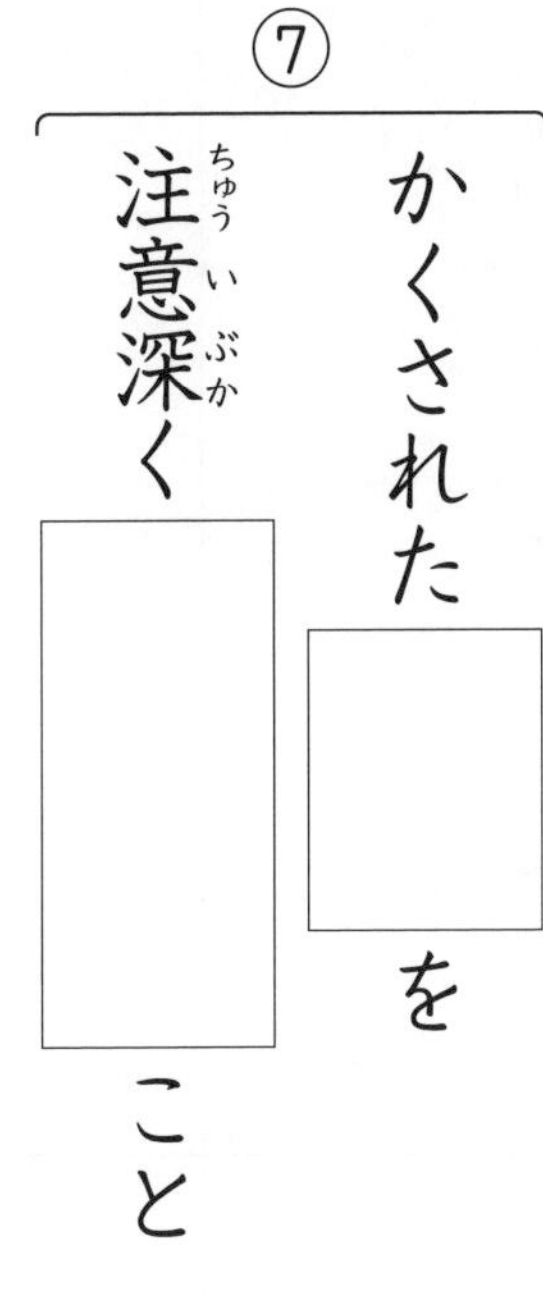

生きる (3)

名前

● 次の詩は「生きる」という詩の第三連です。二回音読して、答えましょう。

生きているということ
いま生きているということ
泣けるということ
笑えるということ
怒れるということ
自由ということ

（令和二年度版　光村図書　国語　六　創造　谷川　俊太郎）

(1) 「いま生きているということ」として書かれていることを、四つ書きましょう。

① 〔　　〕ということ

② 〔　　〕ということ

③ 〔　　〕ということ

④ 〔　　〕ということ

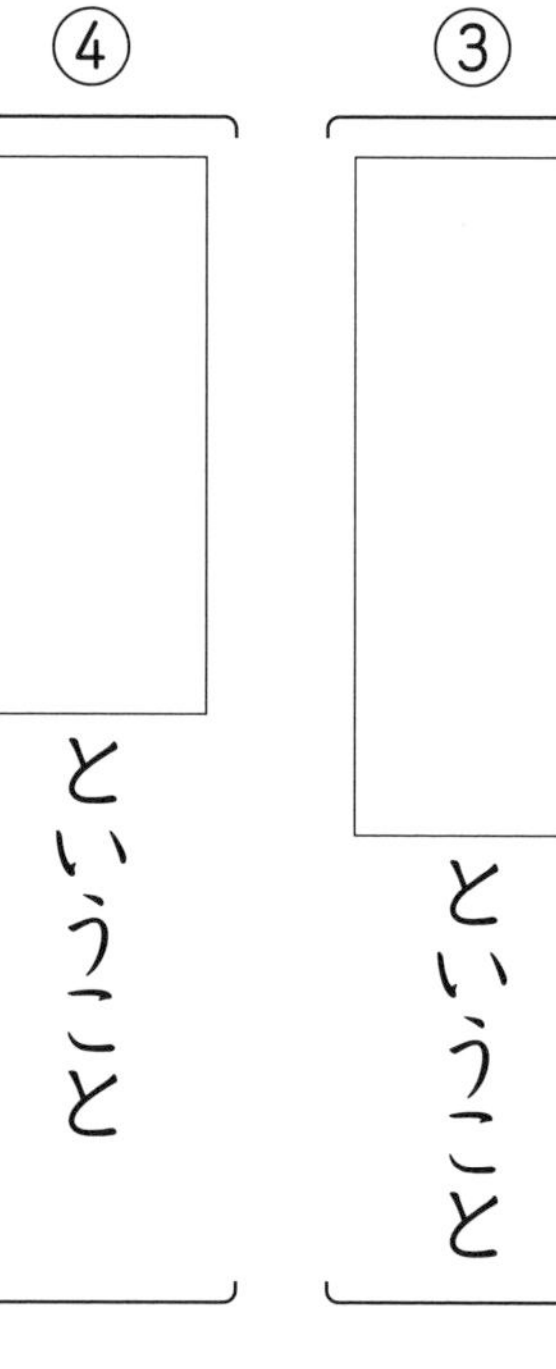

生きる (4)

名前

● 次の詩は「生きる」という詩の第四連です。二回音読して、答えましょう。

生きているということ
いま生きているということ
いま遠くで犬がほえるということ
いま地球がまわっているということ
いまどこかで産声があがるということ
いまどこかで兵士が傷つくということ
いまぶらんこがゆれているということ
いまいまが過ぎてゆくこと

（令和二年度版　光村図書　国語　六　創造　谷川　俊太郎）

(1) 「いまどこかで産声があがるということ」と同じことを表す文一つに、〇をつけましょう。

（　）いまどこかで新しい命が産まれるということ

（　）いまどこかでだれかが悲しみ泣いているということ

（　）いまどこかでぶらんこがゆれているということ

(2) 「いまどこかで産声があがるということ」と対比して書かれている文を、上の詩から見つけて書きましょう。

いまどこかで［　　］が［　　　］ということ

生(い)きる (5)

名前

● 次(つぎ)の詩(し)は「生(い)きる」という詩(し)の第五連(だいごれん)です。二回音読(にかいおんどく)して、答(こた)えましょう。

生(い)きているということ
いま生(い)きているということ
鳥(とり)ははばたくということ
海(うみ)はとどろくということ
かたつむりははうということ
人(ひと)は愛(あい)するということ
あなたの手(て)のぬくみ
いのちということ

（令和二年度版　光村図書　国語　六　創造　谷川(たにかわ)　俊太郎(しゅんたろう)）

(1) 「いま生(い)きているということ」は、鳥(とり)はどうするということ、と書(か)いてありますか。

鳥(とり)は□□□□ということ

(2) 「いま生(い)きているということ」は、どうすることと書(か)いてありますか。最後(さいご)の三行(さんぎょう)を読(よ)んで、次(つぎ)の□に言葉(ことば)を書(か)きましょう。

人(ひと)は□□□ということ
あなたの□の□□□□□□ということ

平和のとりでを築く (1)

名前

● 次の文章を二回読んで、答えましょう。

1

一九四五年（昭和二十年）
八月六日午前八時十五分、
よく晴れた夏空が広がる朝、
広島市にⓐ原子爆弾が
投下された。
それは、この建物に
ほど近い、
約六百メートルの
上空で爆発した。

2

強烈な熱線と爆風が
放射線とともに
ⓘ市街をおそった。
ⓤ市民の多くは一瞬のうちに
生命をうばわれ、
川は死者でうまるほどだった。
ようやく生き残った人々も
傷つき、その多くは
死んでいった。

（令和二年度版　光村図書　国語　六　創造　大牟田　稔）

1

(1) ⓐ原子爆弾は、何年何月何日、どこに投下されましたか。

・何年何月何日

［　　　　］［　　　　］年

・どこに

［　　］市

2

(1) 爆発で何がⓘ市街をおそったのですか。

強烈な［　　　　］と爆風が［　　　　］とともに
市街をおそった。

(2) ⓤ市民の多くはどうなりましたか。二つに○をつけましょう。

（　）傷ついたが、全員生き残った。
（　）一瞬のうちに生命をうばわれた。
（　）ようやく生き残った人々もその多くは死んでいった。

平和のとりでを築く (2)

名前

● 次の文章を二回読んで、答えましょう。

爆心地に近かった㋐この建物は、
たちまち炎上し、
㋑中にいた人々は
全員なくなったという。
建物は、ほぼ真上からの
爆風を受けたため、
㋒全焼はしたものの、
れんがと鉄骨の一部は残った。
丸屋根の部分は、
支柱の鉄骨が
ドームの形となり、
この傷だらけの建物の
最大の特徴を、
後の時代に
とどめることと
なった。

(令和二年度版　光村図書　国語　六　創造　大牟田　稔)

(1) ㋐この建物は、どこに近かったのですか。

(2) この建物は炎上し、㋑中にいた人々はどうなりましたか。

全員　　　　。

(3) 建物は、ほぼ真上からの爆風を受けたため、㋒全焼はしたものの、何が残りましたか。

　　　と　　　の一部。

平和のとりでを築く (3)

名前

● 次の文章を二回読んで、答えましょう。

原爆ドームを保存するか、
それとも取りこわしてしまうか、
戦後まもないころの広島では
㋐議論が続いた。
保存反対論の中には、
「原爆ドームを見ていると、
原爆がもたらした
むごたらしいありさまを
㋑思い出すので、一刻も早く
取りこわしてほしい。」
という意見もあった。

（令和二年度版　光村図書　国語　六　創造　大牟田　稔）

(1) 原爆ドームを保存するか、取りこわしてしまうか、という㋐議論は いつごろ、どこで続いたのですか。

・いつごろ

[　　] まもないころ。

・どこで

[　　] で。

(2) 広島では、どんな㋐議論が続いたのですか。○をつけましょう。

(　) 原爆ドームを保存するか、取りこわしてしまうか。

(　) 原爆ドームを取りこわして、そのあと地に何を作るか。

(3) 保存反対論の中には、原爆ドームを見ていると、何を㋑思い出すという意見がありましたか。

原爆がもたらした [　　　　　] を思い出す。

平和のとりでを築く (4)

名前

● 次の文章を二回読んで、答えましょう。

市民の意見が
原爆ドーム保存へと固まったのは、
一九六〇年（昭和三十五年）の春、
急性白血病でなくなった
一少女の日記がⓐきっかけであった。
赤ちゃんだったころに
原爆の放射線を浴びたそのⓘ少女は、
十数年たって、突然、
被爆が原因とみられる病に
たおれたのだった。
残されたⓤ日記には、あの痛々しい
産業奨励館だけが、いつまでも、
おそるべき原爆のことを後世に
うったえかけてくれるだろう――、
と書かれていた。
この日記に後おしされて、
市民も役所も
「原爆ドーム永久保存」に
立ち上がったのである。

（令和二年度版　光村図書　国語　六　創造　大牟田　稔）

(1) 市民の意見が原爆ドーム保存へと固まったのは、何がⓐきっかけでしたか。

〔　　　　　でなくなった一少女の　　　がきっかけであった。〕

(2) ⓘ少女は、十数年たって、突然どうなりましたか。

〔被爆が　　　とみられる病に　　　　のだった。〕

(3) 少女のⓤ日記には、何と書かれていましたか。

〔あの痛々しい産業奨励館だけが、いつまでも、　　　　　のことを　　　にうったえかけてくれるだろう。〕

ヒロシマのうた（1）

名前

● 次のあらすじと文章を二回読んで、答えましょう。

広島にアメリカの飛行機が原爆を落とした日の夜、水兵だったわたしは、広島の駅の裏にある東練兵場へ行きました。練兵場全体が、死人と動けない人のうめき声でうずまっていて、とてもおそろしいおもいをしました。

その中で、わたしは一人の赤ちゃんとひん死のお母さんに出会いました。赤ちゃんはお母さんに「ミ子ちゃん。」とよばれていましたが、まもなく、そのお母さんはミ子ちゃんをだいたまま死んでしまいました。

わたしは、その赤ちゃんを、リヤカーに荷物を積んでにげていく夫婦に預けました。

それから、七年目のある日、ラジオのたずね人の放送で、自分のことを探している人がいるらしいことを知りました。そして、わたしが預けた赤ちゃんは、あの時の夫婦に、原爆で死んだ自分たちの子、ヒロ子として育てられていることがわかりました。

わたしと、ミ子ちゃんを育ててくれている女性は、広島で会うことになりました。

登場人物　わたし・ミ子ちゃん（ヒロ子）・ミ子ちゃん（ヒロ子）を育てたお母さん

広島の町はすっかり変わっていました。ミ子ちゃんは、はずかしそうに、何を言ってもだまって、お母さんのそでにかくれていました。

「ああ、㋐この子は何も知らないのだな。幸せだな。」

わたしは最初に、そう思いました。

（令和二年度版　東京書籍　新しい国語　六　今西　祐行）

(1) ミ子ちゃんの様子にあてはまるもの二つに、○をつけましょう。

（　）はずかしそうに、何を言ってもだまっていました。

（　）お母さんとたくさん話しをしていました。

（　）だまって、お母さんのそでにかくれていました。

(2) ㋐この子とは、だれのことですか。

［　　］ちゃん

ヒロシマのうた （2）

名前

● 次の文章を二回読んで、答えましょう。

登場人物　わたし・ミ子ちゃん（ヒロ子）・ミ子ちゃん（ヒロ子）を育てたお母さん

その日、初めて、
わたしは
あの日死んでいった
㋐ミ子ちゃんのお母さんの話を
しました。とちゅうまで
一生けん命に聞いていた
お母さんは、急にぼろぼろと
なみだを流しだして、
「ええ、もう、今日
お会いするまでに、
㋑決心したのです。ヒロ子は
やっぱりわたしの子です。
だれが何と言ったって、
あげるものですか。」
ミ子ちゃんをだれかに
預けたいという
㋒相談をするために来たはずの
お母さんは、そう言って、
泣きじゃくるのです。

（令和二年度版　東京書籍　新しい国語　六　今西　祐行）

(1) わたしがした、㋐ミ子ちゃんのお母さんの話とは、どちらのお母さんの話ですか。○をつけましょう。

（　）ミ子ちゃん（ヒロ子）を育てたお母さん。

（　）ミ子ちゃん（ヒロ子）を産んで、原爆で死んだお母さん。

(2) ミ子ちゃん（ヒロ子）を育てたお母さんは、どんな㋑決心をしたのですか。○をつけましょう。

（　）ミ子ちゃん（ヒロ子）は自分の子だから、これからもずっと育てるという決心。

（　）ミ子ちゃん（ヒロ子）をだれかに預けて、もう育てるのをやめるという決心。

(3) ミ子ちゃん（ヒロ子）のお母さんは、どんな㋒相談をするために来たはずだったのですか。

だれかに □□ ちゃんを □□ たい
という相談をするために
来たはずだった。

ヒロシマのうた (3)

名前

● 次の文章を二回読んで、答えましょう。

今年の春、何年かぶりでヒロ子ちゃん（ミ子ちゃん）を育てているお母さんから手紙が来ました。中学を卒業して洋裁の勉強をしているヒロ子ちゃん（ミ子ちゃん）に、ヒロ子ちゃん（ミ子ちゃん）を産んで原爆で死んだお母さんの話をしてやってほしいとありました。わたしは原爆の記念日に広島でヒロ子ちゃん（ミ子ちゃん）と会うことになりました。

登場人物　わたし・ヒロ子（ミ子ちゃん）

わたしはやっと、
ポケットに持っていた
布の名札を取り出して、
あ「ヒロ子ちゃん、
これ何だか知ってる？」
と聞きました。
広島市横川町二ー三
ア長谷川清子　A型
と書いた、うすよごれた
小さな名札です。
い「何ですか、それ。」
不思議そうに、
イちょっと指先で
さわってみたりしました。

（令和二年度版　東京書籍　新しい国語　六　今西　祐行）

(1) あといの言葉は、だれが言った言葉ですか。（　）にあかいの記号を書きましょう。

（　）ヒロ子（ミ子ちゃん）

（　）ヒロ子（ミ子ちゃん）のお母さん

（　）わたし

(2) ア小さな名札に書かれた、長谷川清子とはだれのことですか。○をつけましょう。

（　）ヒロ子（ミ子ちゃん）を産んで、原爆で死んだお母さん。

（　）ヒロ子（ミ子ちゃん）を育てたお母さん。

(3) だれが、何をイさわってみたりしたのですか。

・だれが

（　）わたし

（　）ヒロ子（ミ子ちゃん）

・何を

うすよごれた
小さな［　　］。

ヒロシマのうた (4)

名前

● 次の文章を二回読んで、答えましょう。

1

わたしは、じっと窓の外のとうろうを見ながら、あの日の㋐ヒロ子ちゃんのお母さんの話をしました。ヒロ子ちゃんは、だまって聞いている様子でした。ヒロ子ちゃんが、わっと泣きだしたりしたらどうしようと、わたしは㋑心配でした。

2

登場人物　わたし・ヒロ子（ミ子ちゃん）

でも、ふと、ヒロ子ちゃんの顔を見て、わたしは㋒ほっとしました。ヒロ子ちゃんは、その名札を胸のところにおさえて、わたしの方を見ると、にっこり笑って、

「あたし、㋓お母さんに似てますか？」

と言うのです。

（令和二年度版　東京書籍　新しい国語　六　今西　祐行）

1

(1) あの日の㋐ヒロ子ちゃんのお母さんの話とありますが、どちらのお母さんの話ですか。○をつけましょう。

（　）ヒロ子（ミ子ちゃん）を産んで、原爆で死んだお母さんの話。

（　）ヒロ子（ミ子ちゃん）を育てたお母さんの話。

(2) わたしは、どんなことが㋑心配でしたか。

ヒロ子ちゃんが、わっと［　　］だしたりしたらどうしようと、心配でした。

2

(1) わたしは、なぜ㋒ほっとしたのですか。○をつけましょう。

（　）ヒロ子ちゃんが、わたしの顔を見てわっと泣きだしたから。

（　）ヒロ子ちゃんがわたしの方を見るとにっこり笑ったから。

(2) ㋓お母さんは、どちらのお母さんですか。○をつけましょう。

（　）ヒロ子（ミ子ちゃん）を育てたお母さん。

（　）ヒロ子（ミ子ちゃん）を産んだお母さん。

ヒロシマのうた (5)

名前

● 次の文章を二回読んで、答えましょう。

1

その日は、わたしも洋裁学校の一部屋にとめてもらいました。わたしが起きると、ヒロ子ちゃんの㋐お母さんが出てきて、

「ゆうべ、㋑あの子はねないんですよ。」

と言うのです。

2

登場人物　わたし・ヒロ子（ミ子ちゃん）を育てたお母さん

「やっぱり。」

と、わたしが心配そうに言うと、

「いいえねえ、あなたにワイシャツを㋒作ってたんですよ。見てやってください。」

そう言って、うれしそうに、紙に包んだワイシャツを、こっそり見せるのです。

（令和二年度版　東京書籍　新しい国語　六　今西　祐行）

1

(1) ㋐お母さんが出てきて、とありますが、どちらのお母さんですか。○をつけましょう。

（　）ヒロ子（ミ子ちゃん）を産んだお母さん。

（　）ヒロ子（ミ子ちゃん）を育てたお母さん。

(2) ㋑あの子とは、だれのことですか。

［　　　］ちゃん

2

(1) ヒロ子ちゃんは、ねないで、何を㋒作っていましたか。

［　　　　　］

(2) ヒロ子ちゃんは、だれのためにワイシャツを㋒作っていましたか。一つに○をつけましょう。

（　）わたしのため。

（　）ヒロ子ちゃんのお母さんのため。

（　）ヒロ子ちゃんのため。

ヒロシマのうた (6)

名前

● 次の文章を二回読んで、答えましょう。

ヒロ子（ミ子）ちゃんは、わたしにワイシャツを作ってくれました。お母さんが、そのワイシャツをこっそり見せてくれました。

「ないしょですよ。見せたなんて言ったら、しかられますからね。」
　そっと広げてみると、そのワイシャツのうでに、小さな、きのこのような原子雲のかさと、その下に、S・Iと、わたしのイニシャル（頭文字）が水色の糸で㋐ししゅうしてあるのです。

（令和二年度版　東京書籍　新しい国語　六　今西　祐行）

(1) ワイシャツのうでには、何が㋐ししゅうしてありましたか。

小さな、［　　　］のような［　　　］のかさと、その下に、S・Iと、［　　　］の［　　　　　］。

(2) 何色の糸で㋐ししゅうしてありましたか。

［　　　］

ヒロシマのうた (7)

名前

● 次の文章を二回読んで、答えましょう。

ヒロ子（ミ子）ちゃんは、わたしにワイシャツを作ってくれました。

登場人物　わたし・ヒロ子（ミ子ちゃん）を育てたお母さん

1

あ「よかったですね。
もう何もかも
安心ですもの……。」
い「ええ、おかげさまで、
お母さんはそう言って、
笑いながらも、ア そっと目を
おさえるのでした。

2

わたしはその日の夜、
広島駅で、汽車が出るときに、
窓からイ それを受け取りました。
わたしはそれを胸に
かかえながら、いつまでも
十五年のウ 月日の流れを
考え続けていました。
汽車はするどい
汽笛を鳴らして、
上りにかかっていました。

（令和二年度版　東京書籍　新しい国語　六　今西　祐行）

1

(1) あといの言葉はだれが言った言葉ですか。次の（　）にあかいの記号を書きましょう。

（　）わたし

（　）ヒロ子ちゃんのお母さん

(2) ア 笑いながらもそっと目をおさえたのは、だれですか。○をつけましょう。

（　）わたし

（　）ヒロ子（ミ子ちゃん）を育てたお母さん

（　）ヒロ子

2

(1) イ それとは、私が汽車の窓から受け取ったそれとは、何ですか。

(2) ウ 月日の流れとありますが、どんなことを言っていますか。○をつけましょう。

（　）お母さんがヒロ子ちゃんを育てた年月。

（　）ヒロ子ちゃんがわたしにワイシャツを作ってくれた年月。

君たちに伝えたいこと (1)

名前

● 次の文章を二回読んで、答えましょう。

1

㋐ほかの人のために自分の時間を使うということは、自分の時間がうばわれて、損をすることではないのです。それどころか、ほかのことでは味わえない特別な喜びで心がいっぱいに㋑満たされるのです。こんなに大きなお返しをもらえることなんて、めったにありません。

2

私が自分の時間をほかの人のために使うことに努力している理由が、これで君にも分かったでしょう。だから、私は君にも、ぜひ㋒そうしてみることをおすすめします。

（令和二年度版　東京書籍　新しい国語　六　日野原　重明）

1

(1) ㋐ほかの人のために自分の時間を使うということについて、上の文章に書いてあることに○をつけましょう。

（　）自分の時間がうばわれて、損をすることである。

（　）自分の時間がうばわれて、損をすることではない。

(2) ほかの人のために時間を使うということは、心が何で㋑満たされると書いてありますか。

ほかのことでは味わえない［　　］な［　　］で心がいっぱいに満たされるのです。

2

(1) ㋒そうしてみるとは、どうしてみることですか。○をつけましょう。

（　）自分の時間を、自分だけのために使うこと。

（　）自分の時間を、ほかの人のために使うこと。

君たちに伝えたいこと　(2)

名前

● 次の文章を二回読んで、答えましょう。

1

さて、㋐ここまで私は、寿命という時間の使い方についてお話ししてきました。

時間というものはただの入れ物にすぎないのであって、そこに君が命を注いで時間を生かすことがだいじだ、という話をしましたね。

そして、㋑自分のためだけでなく、ほかの人のために時間を使えるようであってほしいとお話ししました。

2

でも、長い人生においては自分の思うとおりにはいかないことも㋒たくさん出てきます。君が自分で選び取ったわけでもないのに、つらくて悲しいことにも出会わなければならない日が、㋓この先にはあるかもしれません。

そんなときには、いつもの君のように、前向きに物事を考えたり、かっこよく過ごしたりなんて、とてもできなくなりますね。悲しいときの自分なんて消してしまいたいと思うことさえあるかもしれません。

（令和二年度版　東京書籍　新しい国語　六　日野原　重明）

1

(1) ㋐ここまで私は、何についてお話ししてきましたか。

寿命という□□の□□□。

(2) ㋑自分のためだけでなく、だれのために時間を使えるようであってほしいとお話ししましたか。

□□□□のため。

2

(1) ㋒たくさん出てきますとありますが、長い人生においてはどんなことも出てきますか。

□□の思うとおりには□□□□こと。

(2) ㋓この先には、どんな日があるかもしれないのですか。

□□くて□□□ことにも出会わなければならない日。

君たちに伝えたいこと (3)

名前

● 次の文章を二回読んで、答えましょう。

1

でも、そんなときにも、
忘れないでいてほしいことが
あります。
うれしいときだけが
「君」ではありませんよ。
笑っているときの君だけが
「君」ではありませんね。
悲しいときの君も、はずかしくて
消えてなくなりたいと思うときの
㋐君も「君」なのです。

2

だから、つらいときや
悲しいときの自分も
㋑大切にしなければなりません。
成功して喜びでいっぱいになって
いるときの君も、失敗して
なみだを流す君も「君」です。
どんなときの自分も
だいじにすること、
自分のことをいつも
大好きだと思っていること、
㋒これはとても大切なことです。
だから、決して
忘れないでいてください。

（令和二年度版　東京書籍　新しい国語　六　日野原　重明）

1

(1) ㋐君も「君」なのです。とありますが、どんな「君」のことを言っていますか。

［　　　］ときの君も、
［　　　　］くて
なくなりたいと
［　　　］思うときの君も「君」なのです。

2

(1) どんなときの自分も㋑大切にしなければなりませんか。

［　　　］ときや
［　　　］ときの自分も
大切にしなければなりません。

(2) ㋒とても大切なこととは、どんなことですか。

どんなときの自分も
［　　　］にすること、
自分のことをいつも
［　　　］だと
思っていること。

君たちに伝えたいこと (4)

名前

● 次の文章を二回読んで、答えましょう。

君が生まれてきて、
今ここに、こうして同じときを
生きていけるということは、
とてもうれしいことであり、
ア一つの奇跡のように
すばらしいことなのです。
今、私が君にこうして
イ語りかけることができるのも、
君がそこにいて、
私がここにいるからでしょう。
それは本当に
すてきなことなのです。

（令和二年度版　東京書籍　新しい国語　六　日野原　重明）

(1) ア一つの奇跡のようにすばらしいこととは、どんなことですか。

君が□□□□きて、今□□□、こうして□□□□を生きていけるということ。

(2) 今、私が君にこうしてイ語りかけることができるのは、なぜですか。

□がそこにいて、□がここにいるからでしょう。

春に (1)

● 次の詩は「春に」という詩の前半部分です。二回音読して、答えましょう。

春に

谷川 俊太郎

この気もちはなんだろう
目に見えないエネルギーの流れが
大地からあしのうらを伝わって
ぼくの腹へ胸へそうしてのどへ
声にならないさけびとなってこみあげる
この気もちはなんだろう
枝の先のふくらんだ新芽が心をつつく
よろこびだ　しかしかなしみでもある
いらだちだ　しかもやすらぎがある
あこがれだ　そしていかりがかくれている

（令和二年度版　東京書籍　新しい国語　六　谷川　俊太郎）

名前

(1) 上の詩に二回出てくる一文を書き出しましょう。

(2) 目に見えないエネルギーの流れが、何となってこみあげるのですか。

［　］にならない［　　　］となって　こみあげる

(3) この詩には「よろこびだ　しかしかなしみでもある。」のように、対になる言葉が書かれた文があります。二つ書き出しましょう。

［　　　］しかも［　　　］がある

［　　　］そして［　　　］がかくれている

春に　(2)

名前

● 次の詩は「春に」という詩の後半部分です。二回音読して、答えましょう。

心のダムにせきとめられ
よどみ渦まきせめぎあい
いまあふれようとする
㋐この気もちはなんだろう
あの空のあの青に手をひたしたい
まだ会ったことのないすべての人と
会ってみたい話してみたい
あしたとあさってが一度にくるといい
ぼくはもどかしい
地平線のかなたへと歩きつづけたい
そのくせこの草の上でじっとしていたい
大声でだれかを呼びたい
そのくせひとりで黙っていたい
この気もちはなんだろう

（令和二年度版　東京書籍　新しい国語　六　谷川　俊太郎）

(1) ㋐この気もちはどんな気もちですか。□に言葉を書きましょう。

いま
せきとめられ
よどみ渦まきせめぎあい
□の□□に
□□□□□
とする
この気もち

(2) 次の文に続く「そのくせ」という言葉で始まる文を書きましょう。

① 地平線のかなたへと歩きつづけたい

そのくせ

② 大声でだれかを呼びたい

そのくせ

ぼくの世界、君の世界 (1)

名前

● 次の文章を二回読んで、答えましょう。

1

ぼくが、小学校の四年生か、五年生だったころのことだ。

ふろからあがって、しばらくぼんやりしながら、天井からぶら下がっているうす暗い㋐電球を見ていた時、ふと、こんな考えがうかんだ。

2

――この電球は、丸くて、うす暗くて、だいだい色をしている。でもこれは、㋑ぼくだけにそう見えているんじゃないか。ひょっとしたら、自分以外の人には、㋒全然ちがったふうに見えているのかもしれない。

（令和二年度版　教育出版　ひろがる言葉　小学国語　六下　西　研）

1

(1) いつのころのことですか。

ぼくが、□□□の□□□か、□□□だったころ。

(2) どんな様子の㋐電球ですか。□に言葉を書きましょう。

□□からぶら下がっている□□□□電球。

2

(1) ㋑ぼくに見えている電球は、どんな電球ですか。

この電球は□くて、□□□くて、□□□□□をしている。

(2) だれには、㋒全然ちがったふうに見えているのかもしれないのですか。

□□□□□□

ぼくの世界、君の世界 (2)

名前

● 次の文章を二回読んで、答えましょう。

　もちろん、他の人にどう見えているかを、具体的に想像してみたわけではない。

㋐、「自分に見えているものは、あくまでも、自分にそう見えているだけなのだ。他の人にも同じように見えている保証はどこにもない。」、㋑そういう思いが、不意にわいてきたのである。その時、なんともいえず不思議で、心細い感じがしたことを、㋒今でもはっきり覚えている。

（令和二年度版　教育出版　ひろがる言葉　小学国語　六下　西研）

(1) ㋐には、次のどの言葉が入りますか。一つに○をつけましょう。

(　) それとも

(　) ただ

(　) または

(2) ㋑そういう思いとは、どんな思いですか。あてはまるものに○をつけましょう。

(　) 自分に見えているものは、他の人にも同じように見えている保証はどこにもないという思い。

(　) 自分に見えてるものは、他の人にも同じように見えているのだという思い。

(3) ㋒今でもはっきり覚えているのは、どんな感じがしたことですか。

その時、なんともいえず［　　　］で、［　　　］感じがしたこと。

ぼくの世界、君の世界 (3)

名前

● 次の文章を二回読んで、答えましょう。

1

㋐この体験は、ずいぶんあとになるまで、だれにも話さなかった。人に話すほどの意味があるとは、思えなかったからだ。

2

だが、大人になってこの話をしてみたら、同じような体験があるという人が、かなりたくさんいるとわかっておどろいた。

㋑、哲学を研究する人たちの世界では、昔から大真面目に㋒議論されてきた問題だったのである。

(令和二年度版　教育出版　ひろがる言葉　小学国語　六下　西研)

1

(1) ㋐この体験について、あてはまるものに○をつけましょう。

( )体験したことを、ずっとだれにも一度も話すことはなかった。

( )体験したことを、ずいぶんあとになってから話した。

(2) この体験を、ずいぶんあとになるまで話さなかったのはなぜですか。

人に□□ほどの□□があるとは、思えなかったから。

2

(1) ㋑にはどんな言葉が入りますか。一つに○をつけましょう。

( )しかし

( )だから

( )それどころか

(2) この問題は昔から、どんな人たちの世界で㋒議論されてきたのですか。

□□を□□する人たちの世界。

ぼくの世界、君の世界（4）

名前

● 次の文章を二回読んで、答えましょう。

1

例えば、あまみや痛みのような感覚は、全ての人に共通しているといえるか、という問題がある。

2

君と友達が、同じチョコレートを食べるとする。㋐チョコレートを口に入れると、君は独特の香りとあまみ、そして苦みを感じる。君が、「あまいね。」と言うと、友達も「うん、あまいね。」と言って、にっこりする。でも、君の感じているあまみと、友達が感じているあまみが㋑同じだ、と言いきれるだろうか。

1

(1) 例えとして、どのような感覚が書かれていますか。

［　　］や［　　］のような感覚。

2

(1) ㋐チョコレートを口に入れると感じること、三つに○をつけましょう。

（　）独特の香り
（　）からさ
（　）苦み
（　）すっぱさ
（　）あまみ

(2) ㋑同じだ、と言いきれるだろうか。とありますが、何と何について書いていますか。

［　　］の感じているあまみと、［　　］が感じているあまみ。

（令和二年度版　教育出版　ひろがる言葉　小学国語　六下　西研）

ぼくの世界、君の世界 (5)

名前

● 次の文章を二回読んで、答えましょう。

1

まず、君よりも友達のほうがずっとあまく感じているかもしれない、というようなことが㋐考えられる。

つまり、あまみの「程度」が㋑ずいぶんちがっているかもしれない、ということだ。

2

また、㋒もっと極端なことも想像できる。

実は、それぞれが、全くちがった感覚を口の中に感じていて、ただ「あまい」という言葉だけが共通している、ということも考えられるのである。

（令和二年度版　教育出版　ひろがる言葉　小学国語　六下　西研）

1

(1) まず、㋐考えられるのは、どのようなことですか。○をつけましょう。

（　）君よりも友達のほうがずっとあまく感じている。

（　）友達より君のほうがずっとあまく感じている。

(2) ㋑ずいぶんちがっているかもしれないのは、何についてですか。

2

(1) 想像できる㋒もっと極端なこととは、どのようなことですか。□に言葉を書きましょう。

それぞれが全く□□□□感覚を□□□に感じていて、ただ「あまい」という□□だけが□□している。

伊能忠敬（１）

名前

● 次の文章を二回読んで、答えましょう。

1

登場人物　伊能忠敬

◆つばさをなくした鳥

次の年の正月。高橋至時が病気でなくなった。もともと体の弱い至時だったが、『ラランデ天文書』を翻訳するため無理を重ねた。それが㋐死の原因となった。三十九歳の若さだった。

（年をとって学問を志した㋑私に、先生は深い愛情と厳しさで指導してくださった。その先生に、もう二度とご指導いただけないのだ……。）

2

自分を支えていた㋒柱を失い、忠敬は悲嘆にくれた。しかし悲しんでばかりはいられない。（先生は、測量や地図を作るという㋓すばらしい仕事をあたえてくださった。なんとしても、やりとげるのだ。）

1

(1) ㋐死の原因に○をつけましょう。

（　）『ラランデ天文書』を翻訳するため無理を重ねた。

（　）年をとって学問を志した。

(2) ㋑私とはだれですか。○をつけましょう。

（　）伊能忠敬

（　）高橋至時

2

(1) 忠敬を支えていた㋒柱とは、だれのことですか。

(2) ㋓すばらしい仕事とは、どんな仕事ですか。

［　　　　］や［　　　　］を作る仕事。

（令和二年度版　教育出版　ひろがる言葉　小学国語　六下　国松　俊英）

伊能忠敬 (2)

名前

● 次の文章を二回読んで、答えましょう。

1

四年間の㋐測量記録をもとに、忠敬は「日本東半部沿海地図」を作り上げた。

文化元（一八〇四）年八月、大図・中図・小図・計七十三枚の㋑地図をつなぎ合わせ、江戸城の大広間に広げた。たたみ三百枚分の巨大な地図となった。

「おおっ、みごとなできばえだ。」
「なんと細かく、美しくえがかれていることよ。」

2

その地図の精密さ、雄大さ、美しさに、幕府の役人たちは㋒思わず声をあげた。翌月には将軍家斉もやってきて、その地図をえつらんした。

すばらしい地図を作った功績で、忠敬は幕臣となる。そして、西日本の地図も作るように㋓命じられた。

（令和二年度版　教育出版　ひろがる言葉　小学国語　六下　国松　俊英）

1

(1) 忠敬は何年間の㋐測量記録をもとに地図を作り上げましたか。

(2) 何枚の㋑地図をつなぎ合わせましたか。〇をつけましょう。

（　）一八〇四枚
（　）七十三枚
（　）三百枚

2

(1) 幕府の役人たちは何に㋒思わず声をあげたのでしょう。

その地図の　　、　　、　　に、思わず声をあげた。

(2) 忠敬は次に、何を作るように㋓命じられたのですか。

　　の地図。

伊能忠敬　(3)

名前

● 次の文章を二回読んで、答えましょう。

1

文化二（一八〇五）年二月、
六十歳の忠敬は、西日本の測量を
目ざして㋐出発した。
この第五次の旅から、
伊能測量隊には幕府の
天文方からも
㋑下役が派遣され、
倍以上の人数となった。

2

中国地方に入ってから、
忠敬は熱病にかかって㋒苦しんだ。
その間に、隊員が勝手な
ふるまいをし、内弟子と
天文方の下役が言い争いをした。
忠敬はなやんだ末、言い争いをした
内弟子の平山郡蔵らを、
破門することにした。
郡蔵は第二次測量から
苦労をともにしてきた仲間で、
とても信頼をしていた隊員だった。
㋓このことは忠敬の心に
傷となって残った。

（令和二年度版　教育出版　ひろがる言葉　小学国語　六下　国松　俊英）

1

(1) 西日本の測量に㋐出発したのは、忠敬が何歳のときですか。

［　　］歳

(2) 天文方から㋑下役が派遣され、測量隊の人数は、どうなりましたか。

［　　　］の人数となった。

2

(1) 忠敬は、何に㋒苦しんだのですか。文中から書き出しましょう。

［　　］にかかって苦しんだ。

(2) ㋓このこととは、何のことですか。

内弟子の平山郡蔵らを、［　　　　］をした［　　］することにしたこと。

伊能忠敬 (4)

名前

● 次の文章を二回読んで、答えましょう。

1

　第六次は四国と淡路島を、第七次は九州を㋐測量した。第七次の測量を終えてまもなく、間宮林蔵が忠敬の家を訪ねてきた。そして、天体観測と測量の方法について指導をしてほしいと㋑たのんだ。林蔵は忠敬の家にねとまりをして、熱心に学んだ。

2

　林蔵は、終わっていない蝦夷地の測量を㋒引き受けると言ってくれた。

㋐「蝦夷地の測量を、
　よろしくおたのみ申す。」

林蔵にこう言い、忠敬は第八次の旅に出発していった。翌月、林蔵も蝦夷地に向かって旅立った。

（令和二年度版　教育出版　ひろがる言葉　小学国語　六下　国松俊英）

1

(1) 第六次は、どこを㋐測量したのですか。二か所書きましょう。

・□□□

・□□

(2) 間宮林蔵は、何を㋑たのんだのですか。

□□観測と□□の方法について指導をしてほしいとたのんだ。

2

(1) 林蔵はどこの測量を㋒引き受けると言ってくれましたか。○をつけましょう。

（　）四国と淡路島

（　）九州

（　）蝦夷地

(2) ㋐の言葉は、だれが言った言葉ですか。

□□

伊能忠敬 (5)

名前

● 次の文章を二回読んで、答えましょう。

1

第八次、九州測量の旅で㋐力を入れたのは、屋久島と種子島だった。二つの島を終えてから、壱岐、対馬、五島列島といった島々を㋑測量した。

2

五島では㋒悲しいできごとが起きた。副隊長格の坂部貞兵衛が、測量の途中、病気のためになくなったのだ。坂部は、忠敬がとても信頼しており、よく働いてくれた㋓人物だ。チフスにかかり、福江島の宿で忠敬にみとられて息をひきとった。

（令和二年度版　教育出版　ひろがる言葉　小学国語　六下　国松　俊英）

1

(1) 九州測量の旅で㋐力を入れたのは、どこですか。二か所書きましょう。

・

・

(2) 第八次の測量で、二つの島を終えた後、どこを㋑測量しましたか。

壱岐、　、　といった島々。

2

(1) ㋒悲しいできごととは、何ですか。

坂部貞兵衛が、測量の途中、　のために　。

(2) 坂部貞兵衛は、どんな㋓人物でしたか。

坂部は、忠敬がとても　しており、よく　くれた人物。

伊能忠敬 (6)

名前

● 次の文章を二回読んで、答えましょう。

1

――坂部は、最もたよりにしていた者です。鳥がつばさをなくしたのも㋐同じで、大いに力を落とし、㋑なげき悲しんでいます。――

忠敬は、長男 景敬への手紙にこう書いた。

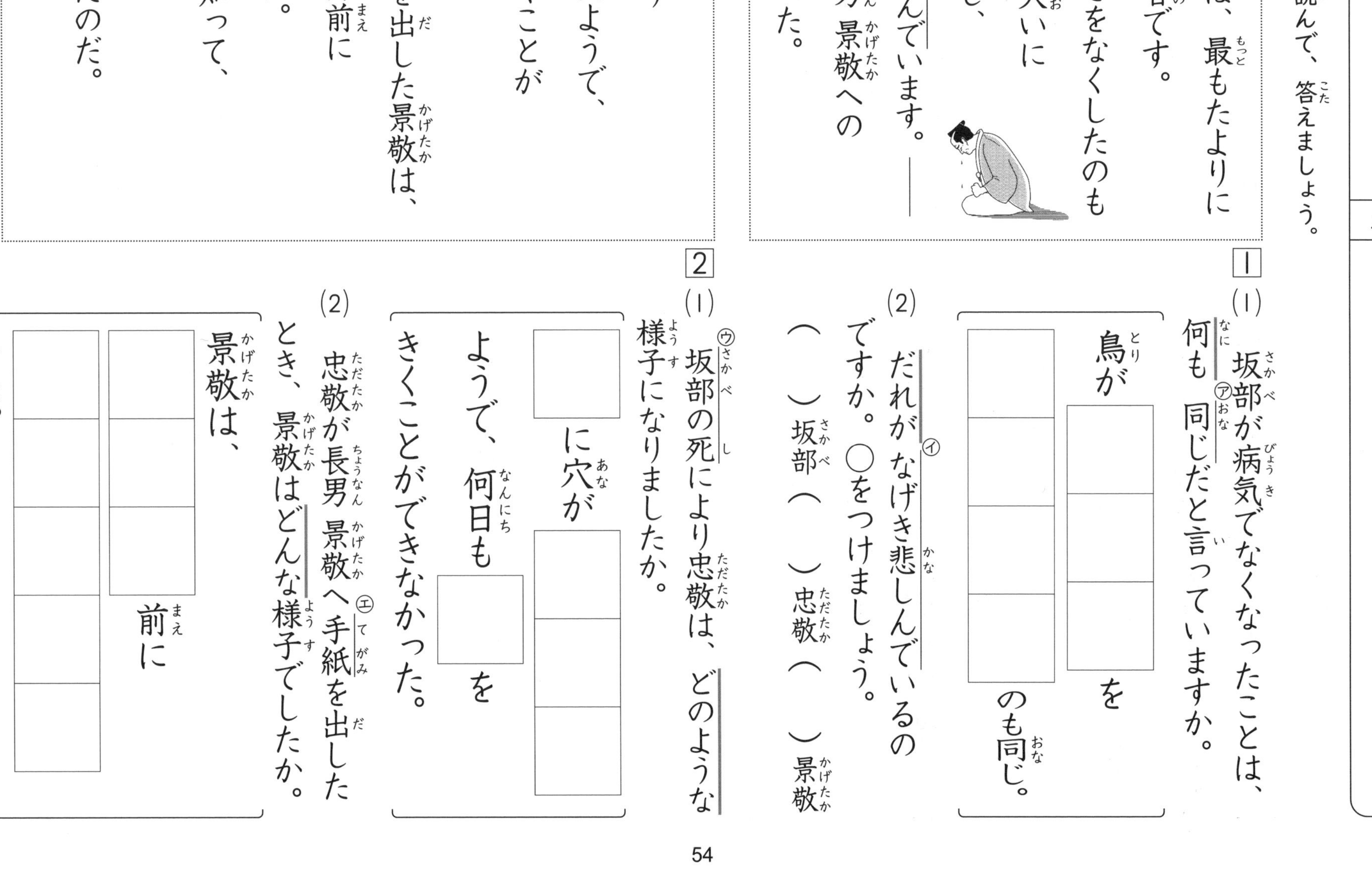

2

㋒坂部の死により心に穴があいたようで、何日も口をきくことができなかった。

ところが㋓手紙を出した景敬は、これより一か月前になくなっていた。旅の途中だと知って、家族はわざと知らせなかったのだ。

（令和二年度版　教育出版　ひろがる言葉　小学国語　六下　国松　俊英）

1

(1) 坂部が病気でなくなったことは、何も㋐同じだと言っていますか。

鳥が □□□ を □□□□ のも同じ。

(2) だれが㋑なげき悲しんでいるのですか。○をつけましょう。

（　）坂部　（　）忠敬　（　）景敬

2

(1) ㋒坂部の死により忠敬は、どのような様子になりましたか。

□ に穴が □□□ ようで、何日も □ をきくことができなかった。

(2) 忠敬が長男 景敬へ㋓手紙を出したとき、景敬はどんな様子でしたか。

景敬は、□□□ 前に □□□□□ いた。

伊能忠敬（7）

名前

● 次の文章を二回読んで、答えましょう。

1

信頼していた部下を失い、長男の死も知らずに㋐測量の旅を続けた。忠敬の気持ちは弱り、体は急におとろえていくようだった。

2

第九次、伊豆七島の測量、第十次、江戸府内の㋑測量で、忠敬の十七年にわたる㋒測量の旅は終わった。文化十三（一八一六）年のことである。

（令和二年度版　教育出版　ひろがる言葉　小学国語　六下　国松　俊英）

1

(1) 忠敬は、どんな様子で㋐測量の旅を続けたのですか。□にあてはまる言葉を書きましょう。

信頼していた部下を□□の死も知らず、□□、
忠敬の気持ちは□□、
体は急に□□□□□いくようだった。

2

(1) 最後は、どこの㋑測量をしましたか。

□□□□

(2) 忠敬の㋒測量の旅は、何年にわたりましたか。

□年

カンジー博士 まちがえやすい形の漢字（1）

名前

● 漢字の形（線の数）に気をつけて、□にあてはまる漢字を下の［　］から選んで書きましょう。

①
・書道の上（じょう）□（たつ）が早い。
・□（こう）福（ふく）を願う。

［ 幸 ・ 達 ］

②
・このクイズは□（なん）題（だい）だ。
・父は、電車で通（つう）□（きん）する。

［ 難 ・ 勤 ］

③
・□（すい）直（ちょく）になる線を引く。
・□（ゆう）便（びん）物が届く。
・バスに□（じょう）車（しゃ）する。

［ 郵 ・ 乗 ・ 垂 ］

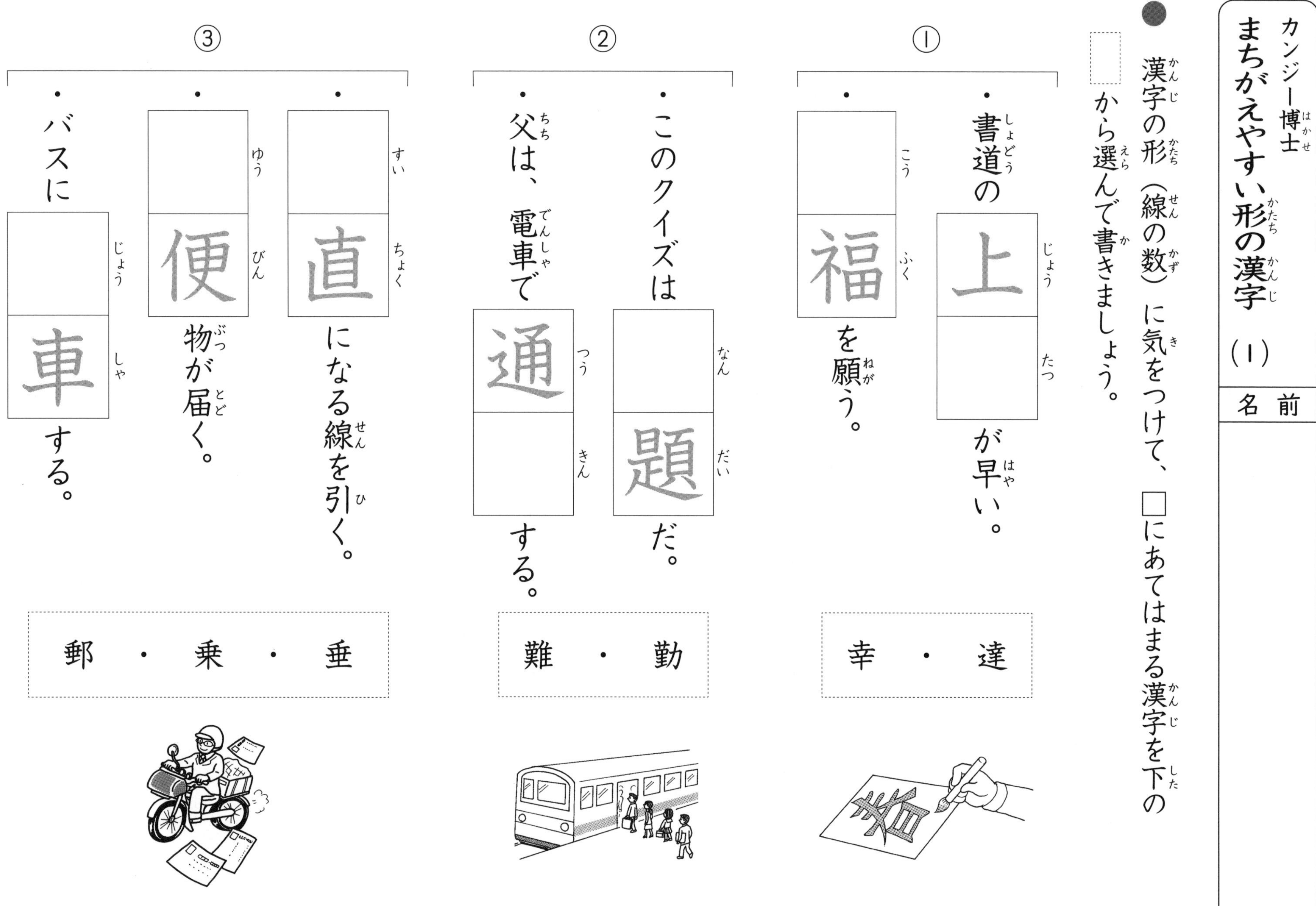

カンジー博士

まちがえやすい形の漢字（2）

名前

● 漢字の形（点があるかないか）に気をつけて、□にあてはまる漢字を下の□から選んで書きましょう。

①

・□門家の話を聞く。

・□物館へ見学に行く。

博・専

②

・今から会□が始まる。

・兄は正□感が強い。

議・義

③

・地□をパトロールする。

・町の人口は、□少した。

域・減

カンジー博士 まちがえやすい形の漢字 (3)

名前

● 漢字の形（つき出すかつき出さないか）に気をつけて、□にあてはまる漢字を下の□から選んで書きましょう。

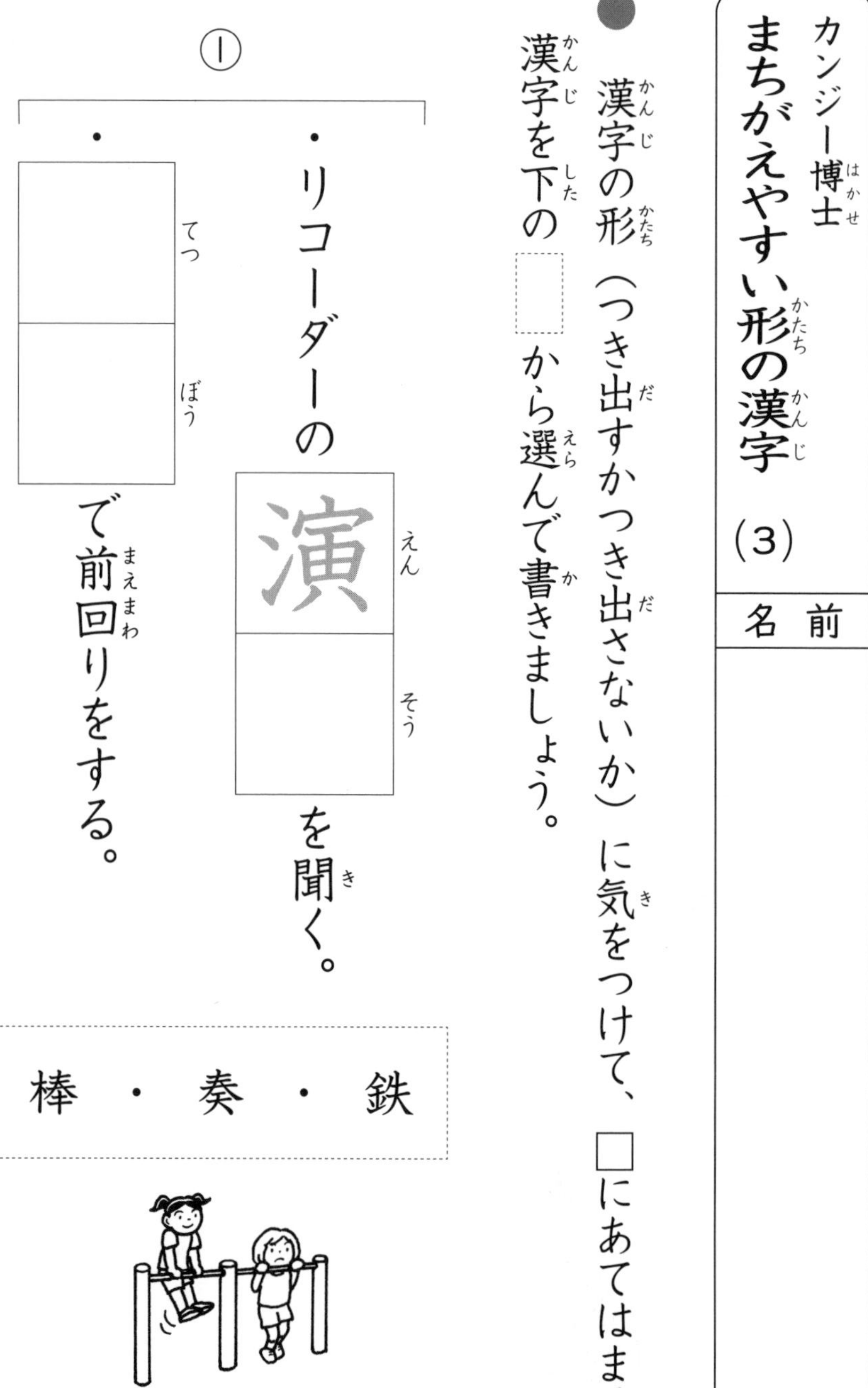

①

・リコーダーの演（えん）□（そう）を聞く。

・□□（てつぼう）で前回りをする。

棒 ・ 奏 ・ 鉄

②

・□（や）印（じるし）の通りに進む。

・□（しっ）敗（ぱい）は成功のもと。

矢 ・ 失

③

・□（はん）日（にち）歩き続けた。

・□（よう）毛（もう）のセーターを着る。

羊 ・ 半

カンジー博士

まちがえやすい形の漢字 (4)

名前

● 漢字の形（見慣れない形）に気をつけて、□にあてはまる漢字を下の□から選んで書きましょう。

①

・一月二日に□（はつ）売（う）りのセールがある。

・費用を□（ほ）助（じょ）する。

初・補

②

・高い山（さん）□（みゃく）が連なる。

・土地を□（こう）作（さく）する。

耕・脈

③

・その商品は□（ざい）庫（こ）が切れた。

・お寺で住職による□（こう）話（わ）を聞く。

在・講

カンジー博士（はかせ）

複数（ふくすう）の音訓（おんくん）をもつ漢字（かんじ）（1）

名前

● ——線（せん）の同（おな）じ漢字（かんじ）の読（よ）み方（かた）に気（き）をつけて、次（つぎ）の言葉（ことば）の読（よ）み方（かた）を書（か）きましょう。

①

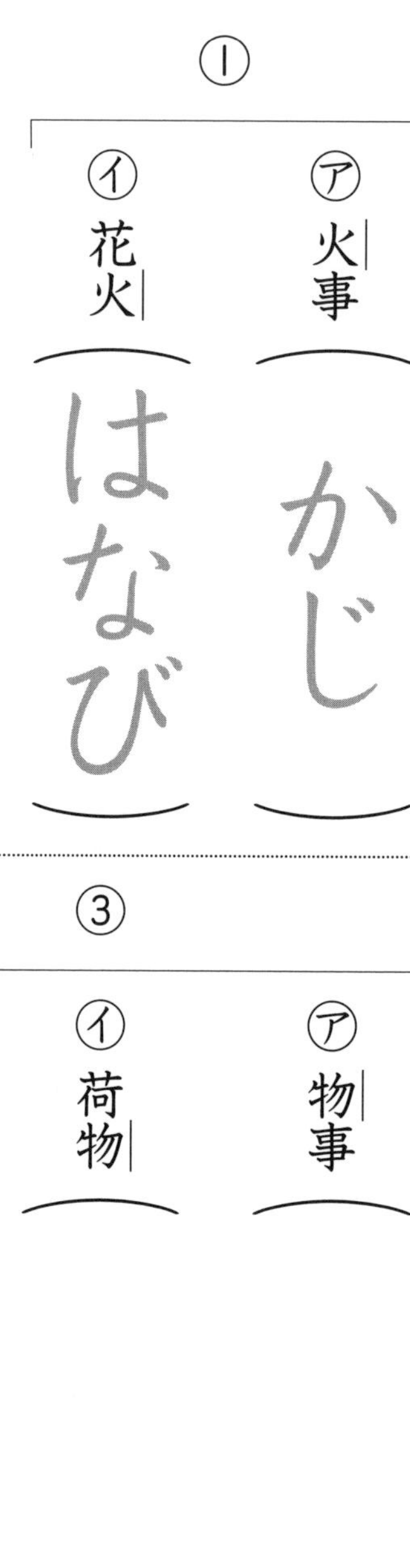

火　音 カ　訓 ひ

②

㋐ 家路（　　）
㋑ 家賃（　　）
㋒ 家具（　　）
㋓ 家来（　　）

家　音 カ・ケ　訓 いえ・や

③

㋐ 物事（　　）
㋑ 荷物（　　）
㋒ 実物（　　）

物　音 ブツ・モツ　訓 もの

④

㋐ 平泳ぎ（　　）
㋑ 平和（　　）
㋒ 平等（　　）

平　音 ヘイ・ビョウ　訓 ひら・たい（ら）

カンジー博士 複数の音訓をもつ漢字（2）

名前

● 次の――線の漢字と同じ読み方をするものに○をつけましょう。

① 行列

（　）孝行
（　）行進
（　）修行

行
音 コウ・ギョウ
訓 い（く）・ゆ（く）・おこな（う）

② 昼間

（　）時間
（　）間近
（　）世間

間
音 カン・ケン
訓 あいだ・ま

③ 重箱

（　）重病
（　）重宝
（　）重荷

重
音 ジュウ・チョウ
訓 おも（い）・かさ（ねる）

④ 作業

（　）手作り
（　）造作
（　）豊作

作
音 サク・サ
訓 つく（る）

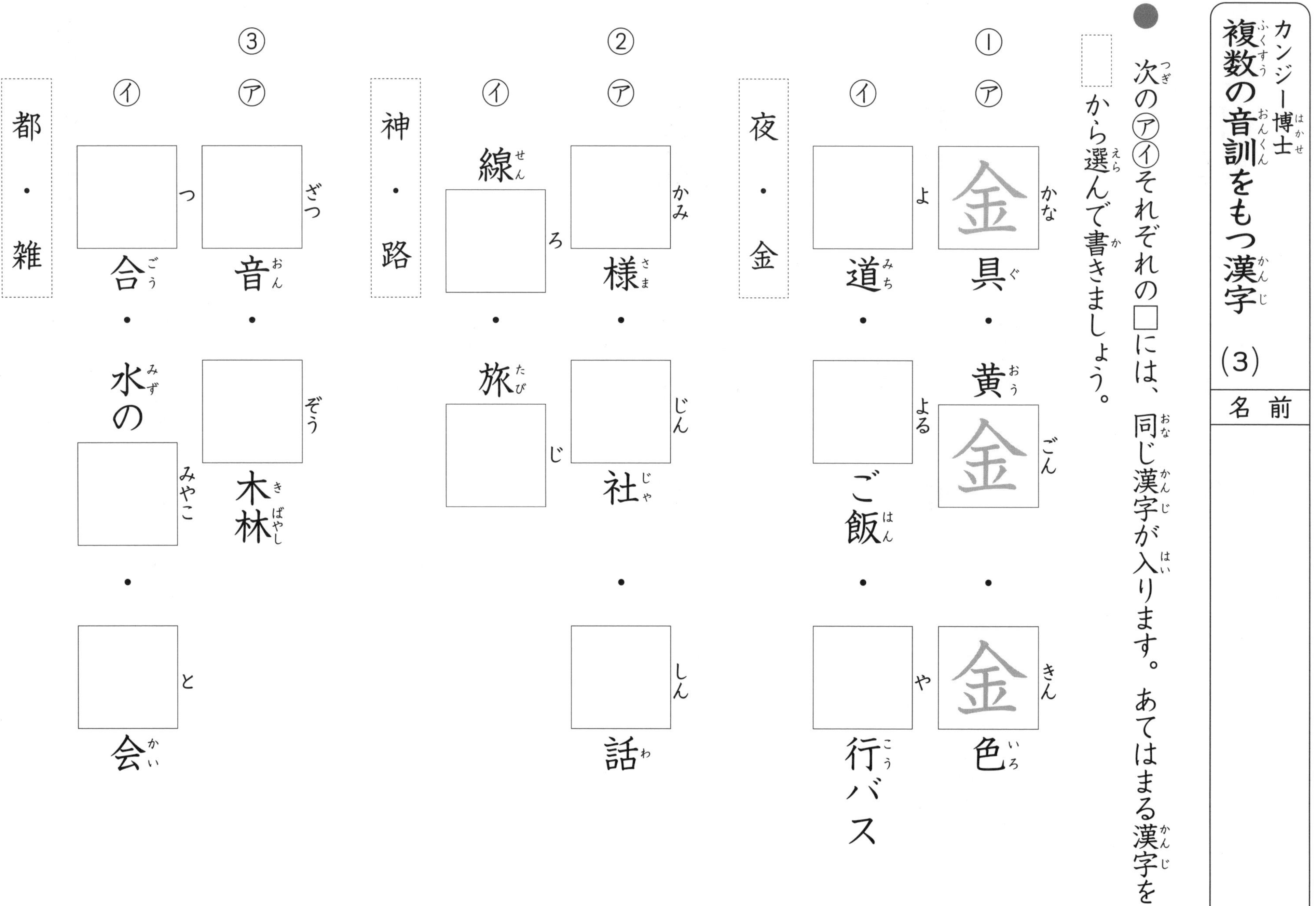

カンジー博士(はかせ)

複数の音訓をもつ漢字 (3)

名前

● 次の㋐㋑それぞれの□には、同じ漢字が入ります。あてはまる漢字を□から選んで書きましょう。

① ㋐ 金(かな)具(ぐ)・黄(おう)金(ごん)・金(きん)色(いろ)

　 ㋑ □(よ)道(みち)・□(よる)ご飯(はん)・□(や)行(こう)バス

　 夜・金

② ㋐ □(かみ)様(さま)・□(じん)社(じゃ)・□(しん)話(わ)

　 ㋑ 線(せん)□(ろ)・旅(たび)□(じ)

　 神・路

③ ㋐ □(ざつ)音(おん)・□(ぞう)木林(きばやし)

　 ㋑ □(つ)合(ごう)・水(みず)の□(みやこ)・□(と)会(かい)

　 都・雑

複数の音訓をもつ漢字 (4)

名前

● 次の①～④の□には、それぞれ同じ漢字が入ります。［　］から選んで書きましょう。また——線の漢字の読み方を（　）に書きましょう。

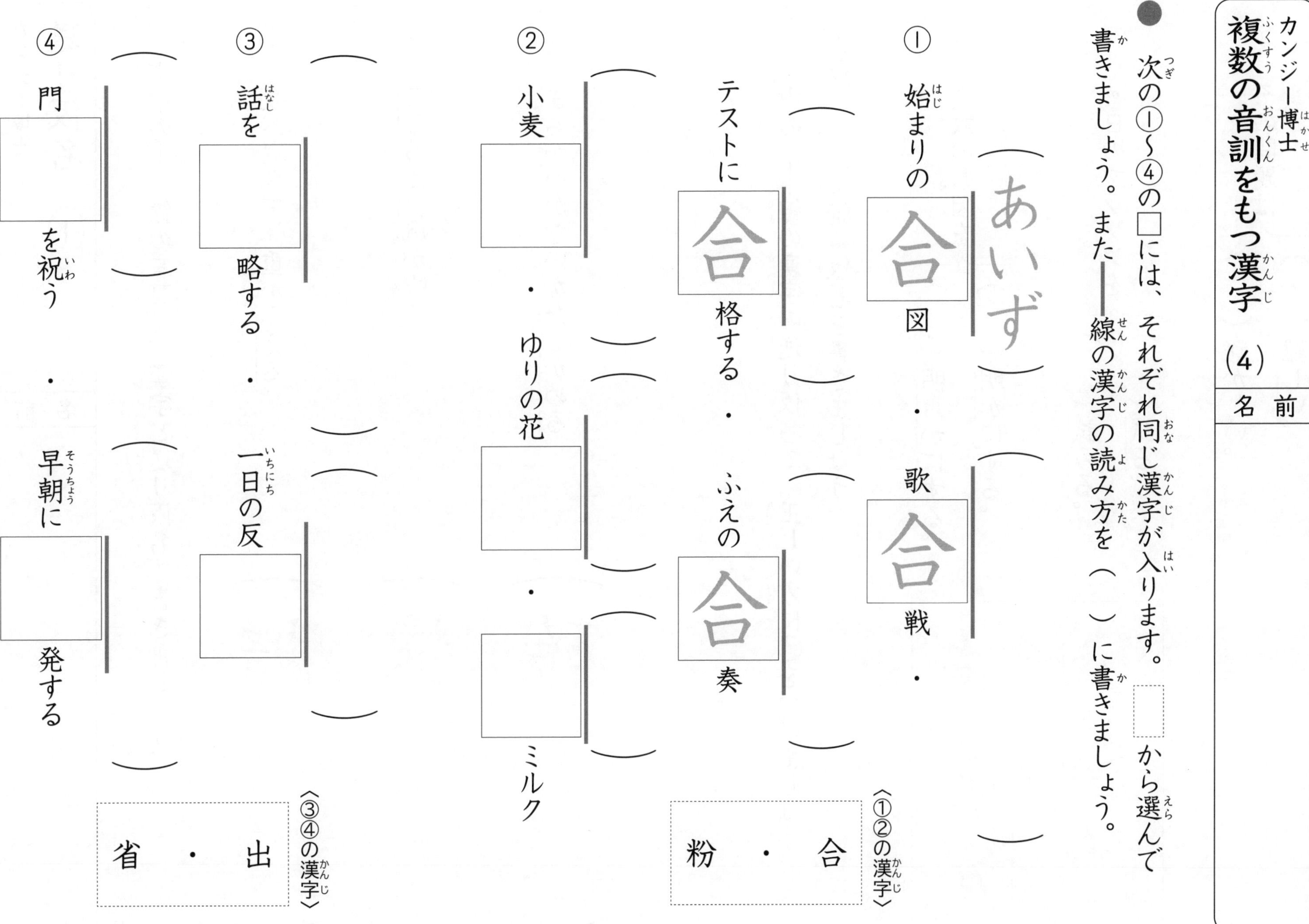

① 始まりの［合］図・歌［合］戦・（あいず）（　）

テストに［合］格する・ふえの［合］奏（　）（　）

〈①②の漢字〉粉・合

② 小麦［　］・ゆりの花［　］・ミルク（　）（　）（　）

③ 話を［　］略する・一日の反［　］（　）（　）

〈③④の漢字〉省・出

④ 門［　］を祝う・早朝に［　］発する（　）（　）

カンジー博士

送り仮名 (1)

名前

(1) 文中の——線の言葉を、漢字と送り仮名で書きましょう。

① 食べ過ぎて体重がふえる。（増　　）

② こころよい風が吹く。（快　　）

③ まちがいがないかたしかめる。（確　　）

(2) 文中の——線の漢字の送り仮名で、正しい方に○をつけましょう。
また、□に読み仮名を書きましょう。

① 失敗の原因を （○）明らかにする。（　）明かにする。 あきらか

② 毎日のマラソンを （　）試みる。（　）試る。 □

③ その問題は （　）難かしい。（　）難しい。 □

送り仮名(2)

カンジー博士

名前

(1) 文中の――線の言葉を、漢字と送り仮名で書きましょう。

① 畑の土をたがやす。（耕）

② 雨のいきおいが増す。（勢）

③ 川の流れにさからう。（逆）

(2) 文中の――線の漢字の送り仮名で、正しい方に○をつけましょう。
また、□に読み仮名を書きましょう。

① 来客を式場に（○）導く。（　）導びく。 みちびく

② 次は（　）必らず（　）必ず 出席します。

③ 手をたたいて（　）喜ぶ。（　）喜こぶ。

カンジー博士　送り仮名 (3)

名前

(1) 文中の――線の部分の送り仮名がまちがっています。（　）に漢字を正しい送り仮名で書き直しましょう。

① そのひもは、短かい。（　）

② 細い作業をする。（　）

③ 左に曲る。（　）

④ さいふを落す。（　）

(2) 文中の――線の漢字の送り仮名で、正しい方に○をつけましょう。
また、□に読み仮名を書きましょう。

① 友と（　）交わる。（　）交る。 □

② 日が（　）当たる。（　）当る。 □

③ 正しく（　）行なう。（　）行う。 □

送り仮名(おくりがな)(4)

カンジー博士(はかせ)

名前

● 文中(ぶんちゅう)の——線(せん)の言葉(ことば)を□から漢字(かんじ)を選(えら)んで、（　）に漢字(かんじ)と送り仮名(おくりがな)で書(か)きましょう。

① あたたかい日差(ひざ)しを　あびる。
（暖かい）（　　）

② ふたたびその家(いえ)を　おとずれる。
（　　）（　　）

暖・再・浴・訪

③ おさない子(こ)どもが　あらわれる。
（　　）（　　）

④ 本物(ほんもの)かどうかうたがって　たしかめる。
（　　）（　　）

確・幼・現・疑

仮名の由来（1）

名前

(1) 次の文章は、仮名の由来についてまとめたものです。（　）にあてはまる言葉を□から選んで書きましょう。

① もともと日本には文字がなかったので、やまと言葉である（　　　）を書き表すために、（　　　）から伝わった（　　　）を利用する方法が考えられました。

・漢字　・和語　・中国

② 漢字は、一字一字が音や形や（　　　）をもっています。仮名がない時代には、日本語の発音を表すために漢字の（　　　）を借りて表すようにしました。

・音　・意味

(2) 次の言葉は、「万葉仮名」ではどのように書き表されましたか。——線で結びましょう。

① はる（春）・　　・布由

② なつ（夏）・　　・波留

③ あき（秋）・　　・奈都

④ ふゆ（冬）・　　・安吉

仮名の由来　(2)

名前

(1) 次の文章は、平仮名と片仮名についてまとめたものです。（　）にあてはまる言葉を、□から選んで書きましょう。

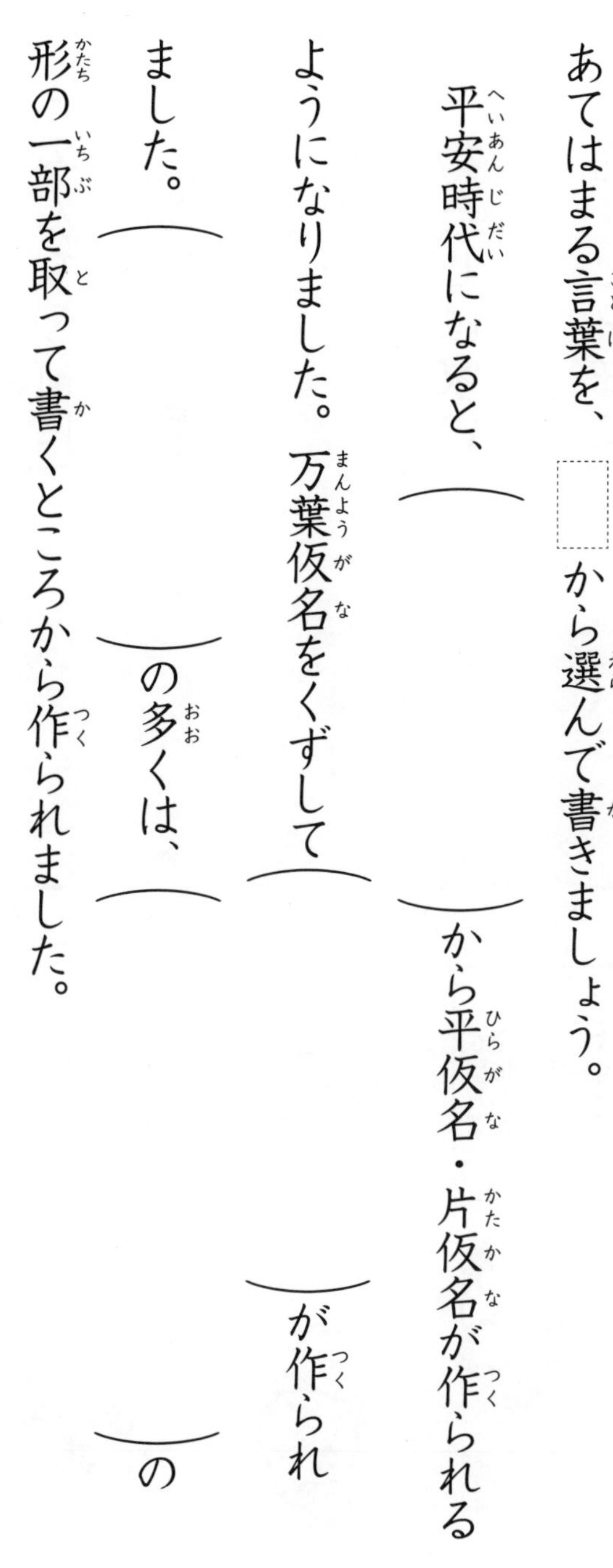

平安時代になると、（　　）から平仮名・片仮名が作られるようになりました。万葉仮名をくずして（　　）が作られました。（　　）の多くは、（　　）の形の一部を取って書くところから作られました。

・平仮名　・片仮名　・漢字　・万葉仮名

(2) 次の漢字からできた万葉仮名・平仮名を——線で結びましょう。

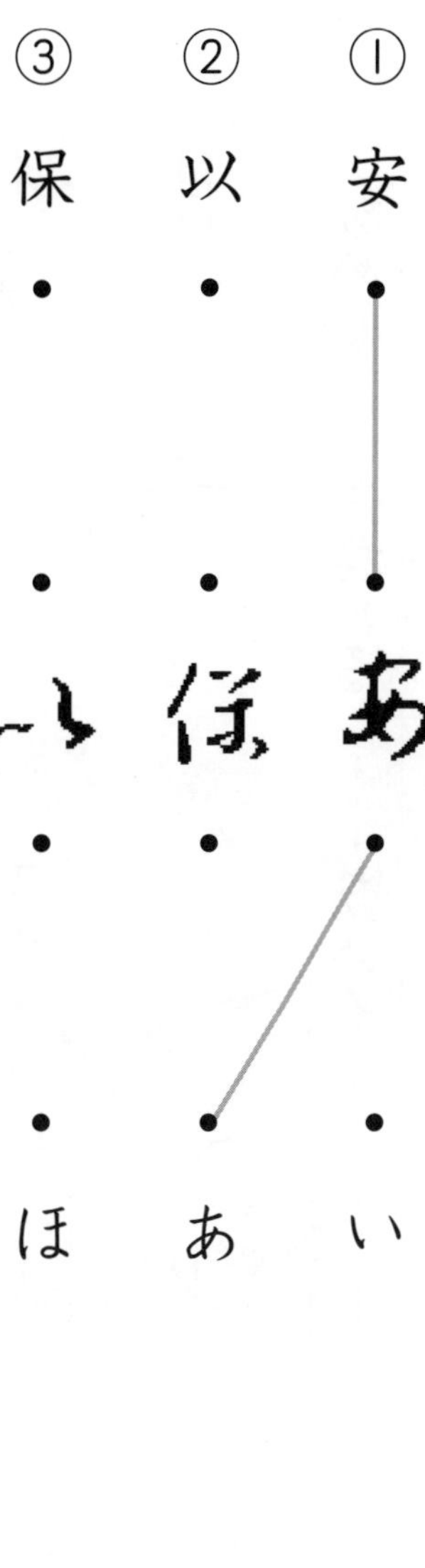

① 安　・　　・　　・　い

② 以　・　　・　　・　あ

③ 保　・　　・　　・　ほ

(3) 次の漢字からできた万葉仮名の形の一部・片仮名を——線で結びましょう。

① 阿　・　　・　　・　ウ

② 宇　・　　・　　・　ア

③ 江　・　　・　　・　エ

同訓異字（1）

漢字を正しく使えるように

名前

● 次の文の（　）に合う言葉を□から選んで書きましょう。

① つとめる

・会社に（　　　）。

・代表を（　　　）。

・目標達成に（　　　）。

努める　・務める　・勤める

会社に行くことを「通勤」というね。
代表の「任務」につくともいうよ。
目標達成には「努力」するよ。

② たつ

・となりに家が（　　　）。

・みんなの前に（　　　）。

・立つ　・建つ

家をたてることを「建築」というよ。
人がたちあがることを「起立」というよ。

③ かえる

・わたしは家に（　　　）。

・荒れ地を畑に（　　　）。

・バターをマーガリンに（　　　）。

・変える　・帰る　・代える

「帰宅」するともいうね。
「変化」とも言いかえることができるよ。
ある物の代わりとして使うことを「代用」というよ。

漢字を正しく使えるように
同訓異字 (2)

名前

● 文の意味に合うように、――線でつないで文を作りましょう。

① あける

- 体育館の戸を ・　　・ 空ける。
- となりの席を ・　　・ 明ける。
- 長い夜が ・　　・ 開ける。

「夜があける」というのは、「夜明け」と言いかえることができるね。

「席があいている」のを「空席」というね。

② うつす

- 車から荷物を ・　　・ 映す。
- 家族で写真を ・　　・ 移す。
- 鏡に姿を ・　　・ 写す。

③ はかる

- 妹の身長を ・　　・ 量る。
- 登校の時間を ・　　・ 計る。
- 米の重さを ・　　・ 測る。

「時をはかる」のには「時計」を使うよ。

「重さ」は「重量」ともいうね。

同訓異字 (3)

漢字を正しく使えるように

名前

● 次の文の□に合う言葉を□から選んで書きましょう。

① 兄は走るのが［はやい］。
・早い　・速い

② びっくりして目が［さめる］。
・覚める　・冷める

③ 遊園地で近所の人に［あう］。
・合う　・会う

④ 赤ちゃんが［なく］。
・泣く　・鳴く

⑤ お母さんが、いれてくれたお茶は［あつい］。
・厚い　・熱い　・暑い

同訓異字（4）

漢字を正しく使えるように

名前

● 次の――線の漢字はまちがっています。正しい漢字を［　］から選んで、［　］に書きましょう。

①　急に消息を立つ。

絶・建

［　］

②　一年分の税金を治める。

収・納・修

［　］

③　毎日厚い日が続く。

熱・暑

［　］

④　川の神の方へ行く。

紙・上

［　］

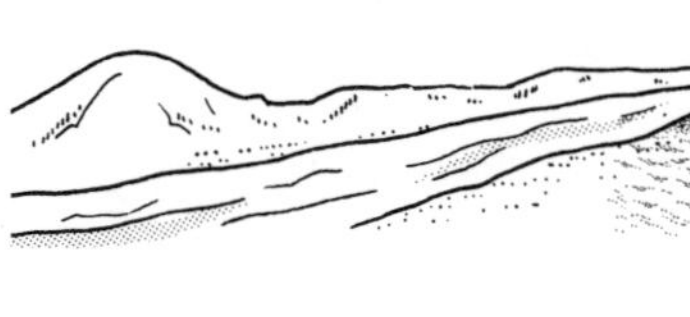

⑤　忘れ物が、手元に帰る。

返・代・変

［　］

漢字を正しく使えるように 同訓異字 (5)

名前

● 次の文の意味に合うように、□から選んで□に書きましょう。

① あらわす
・目の前に姿を□。
・温度の変化をグラフに□。
（・現す　・表す）

② やぶれる
・サッカーの試合に□。
・大事なシャツが□。
（・破れる　・敗れる）

③ なおす
・手紙を書き□。
・休んで病気を□。
（・直す　・治す）

④ さす
・窓から西日が□。
・時計の針が十時を□。
（・指す　・差す）

同訓異字(6)

漢字を正しく使えるように

名前

● 文の意味を考えて、□から選んで□にあてはまる漢字と送り仮名を書きましょう。

① 遠足で目的地に□。（つく）
付・着

② 友達に本を□。（かりる）
借・仮・貸

③ 家族でホテルに□。（とまる）
留・止・泊

④ 次の台風に□。（そなえる）
備・供

⑤ 劇の主役を□。（おりる）
降・下

下りる…上から下への移動。指示が出ること。
降りる…乗り物などから外へ出ること。役割をやめること。

漢字を正しく使えるように

同音異字 (1)

名前

● 次の□に合う漢字を、それぞれ下の□から選んで書きましょう。

① 家と店を往□(ふく)する。　［複・復］

② みんなで□(かい)食するのが楽しみだ。　［会・快］

③ 明日は週□(かん)誌の発売日だ。　［間・刊］

④ 君はぼくの□(しん)友だ。　［親・新］

⑤ すばらしい出来栄えに□(かん)心した。　［感・関］

⑥ 集会の最□(ご)に合唱をする。　［期・後］

漢字を正しく使えるように 同音異字 (2)

名前

● 次の□に合う漢字を、下の[ ]から選んで書きましょう。

① カイ
・二□建ての家。
・マットで三□転する。
・試験□場へ着く。

階・回・会

② セイ
・部屋を□潔に保つ。
・安□にして休む。

静・清

③ ソウ
・友達に□談する。
・未来の自分を□像する。

相・想

漢字を正しく使えるように 同音異義語（１）

名前

● 次の文に合う言葉を、下の［　］から選んで［　］に書きましょう。

① イシ

・本人の［意思］に任せる。

・科学者になる［　　］は固い。

・父の職業は［　　］だ。

・意志　・意思　・医師

② テンショク

・［　　］を希望する。

・医師を［　　］と心得る。

・転職　・天職

③ カテイ

・温かい［　　］を築く。

・結果より［　　］が大事だ。

・過程　・家庭

同音異義語 (2)

漢字を正しく使えるように

名前

● 次の文の内容に合う言葉に○をつけましょう。

① 図書｛（　）委員 （　）医院｝に立候補する。

② クリスマスの会で｛（　）聖火 （　）聖歌｝を歌う。

③ 体のサイズを｛（　）正確 （　）性格｝に測る。

④ 部長の｛（　）指示 （　）支持｝に従う。

⑤ ぼくは、イラストに｛（　）関心 （　）感心｝がある。

⑥ ｛（　）機械 （　）機会｝があれば、いっしょに食事をしよう。

漢字を正しく使えるように
同訓異字・同音異字・同音異義語 (1)

名前

● 文の意味を考えて、合うほうに○をつけましょう。

① 夜が｛（　）空ける（　）明ける｝と、けものが姿を｛（　）現した（　）表した｝。

② ｛（　）熱い（　）暑い｝ので｛（　）子かげ（　）木かげ｝で休む。

③ ｛（　）丸い（　）円い｝テーブルの｛（　）回り（　）周り｝に座る。

④ ミュージカルの｛（　）観劇（　）感激｝を見る。

⑤ 友達と｛（　）会う（　）合う｝のは｛（　）以外（　）意外｝だった。

漢字を正しく使えるように

同訓異字・同音異字・同音異義語 (2)

名前

(1) 次の文で、使い方のまちがっている漢字や熟語の横に――線を引いて、（　）に正しく書き直しましょう。

① 借りた本を帰す。　（返）

② 今度の発表会には、自身がある。　（　）

③ 朝速く起きて体操をする。　（　）

(2) 次の文中の――線の部分にあてはまる漢字を――線で結びましょう。

①
- 病気がなおる。　・　　・ 直る
- 修理に出してなおる。　・　　・ 治る

②
- りんごをかこうしてジャムにする。　・　　・ 下降
- 川のかこうに港がある。　・　　・ 加工
- 飛行機がかこうする。　・　　・ 河口

覚えておきたい言葉 (1)

名前

● 文の意味をよく考えて、あてはまる言葉を下の［ ］から選んで［ ］に書きましょう。

【国語】

① ア 物語の［ ］を区切って読む。

イ 文章を［ ］してまとめる。

・段落　・要約

② ア 文章を読んで、作者の［ ］を読み取る。

イ 文のはじめ・中・終わりの［ ］を考える。

・構成　・意図

【算数】

① ア 歩く歩数とそのきょりは、［ ］している。

イ ［ ］な線を引く。

・比例　・平行

② ア さいころの［ ］の形は、正方形だ。

イ 二対三の［ ］で分ける。

・割合　・側面

覚えておきたい言葉 (2)

名前

● 文の意味をよく考えて、あてはまる言葉を下の□から選んで□□に書きましょう。

【理科】

①
- ㋐ アサガオのタネをまいたら□□した。
- ㋑ □□は鉄を引き寄せる。

・発芽　・磁石

②
- ㋐ マメの子葉の中には□□がある。
- ㋑ 塩水を□□させる。

・蒸発　・養分

【社会】

①
- ㋐ 日本は原油を□□している。
- ㋑ 日本は□□連合に加盟している。

・国際　・輸入

②
- ㋐ □□議員は□□で選ばれる。
- ㋑ 私たちには教育を受ける□□がある。

・選挙　・国会　・権利

敬語 (1)

名前

● 次の言葉を、それぞれ敬語で表すとどんな言い方になるでしょう。線で結んで答えましょう。

① 言う

尊敬語 ・　・ 申す、申し上げる
謙譲語 ・　・ 言います
ていねい語 ・　・ おっしゃる、言われる

② 食べる

尊敬語 ・　・ 食べます
謙譲語 ・　・ めし上がる
ていねい語 ・　・ いただく

③ 行く

尊敬語 ・　・ 行きます
謙譲語 ・　・ いらっしゃる、おいでになる
ていねい語 ・　・ うかがう、参る

④ 見る

尊敬語 ・　・ 拝見する
謙譲語 ・　・ ご覧になる
ていねい語 ・　・ 見ます

敬語 (2)

名前

(1) 次の文で敬語が正しく使われている方に○をつけましょう。

① 【尊敬語で】

（　）先生はもうすぐ来ます。

（　）先生はもうすぐいらっしゃいます。

② 【ていねい語で】

（　）わたしは昼ごはんを食べます。

（　）わたしは昼ごはんをめし上がります。

③ 【謙譲語で】

（　）来ひんの方を、会場までご案内いたします。

（　）来ひんの方を、会場までご案内してあげます。

(2) 次の文を〈　〉の敬語の使い方の文に書き直しましょう。

① 日曜日に行きます。〈謙譲語で〉

② 先生がご飯を食べる。〈尊敬語で〉

時代をこえて伝わる古典 (1)

名前

● 古典の歴史を考えて、□に入る作品名を□から選んで書きましょう。

奈良時代

① □（七一二年）
日本最古の歴史書。「いなばの白うさぎ」神話・地方の伝承など。

② □（奈良時代の末）
現存する日本最古の歌集。

・万葉集　・古事記

平安時代

平仮名と片仮名が生まれる。

③ □
日本で初めての物語。作者不明。

④ □（一〇〇一年ごろ）
清少納言によって書かれた作品。随筆の始まり。

⑤ □（一〇〇八年ごろ）
紫式部によって書かれた作品。長編物語。

・枕草子　・源氏物語　・竹取物語

時代をこえて伝わる古典 (2)

名前

● 古典の歴史を考えて、□に入る作品名を□から選んで書きましょう。

鎌倉・室町時代

① □ 武士の一族が栄え、ほろんでいくさまが書かれている。作者不明。

② □ 兼好法師による作品。（一三三一年ごろ）

③ □ 人々の間で流行した、「一寸法師」「浦島太郎」などの絵の入った短い物語。作者不明。

・御伽草子　・平家物語　・徒然草

江戸時代

町人が文化の中心となる。

④ □ 松尾芭蕉によって書かれた、旅での出来事や感じたことが、俳句を交えてえがかれている作品。紀行文。（一六九四年ごろ）

⑤ □ 十返舎一九によって書かれた、町人の生活や、出来事が人情味豊かにえがかれている作品。（一八〇二年）

・東海道中膝栗毛　・おくのほそ道

言葉の宝箱 考えや気持ちを伝える言葉 (1)

名前

● 次の人物や事物を表す言葉を [ ] から選んで [ ] に書きましょう。

①
㋐ 姉は [　　　] で、とても明るい。
㋑ 病気をすると [　　　] になりがちだ。

・楽観的　・悲観的

②
㋐ つい [　　　] にカッとなる。
㋑ 落ち着いて [　　　] に考える。

・理性的　・感情的

③
㋐ [　　　] な食事を考える。
㋑ 実行するには、[　　　] な課題がある。

・理想的　・現実的

言葉の宝箱

考えや気持ちを伝える言葉（2）

名前

(1) 文中の＝＝線の人物や事物を表す言葉と、よく似た意味を表す言葉を——線で結びましょう。

①

的確な指示をする。　・　・等しい

同一人物が現れる。　・　・あいまい

それは不確かな答えだ。　・　・確実

②

弟はその役にうってつけだ。　・　・率直

誠実な性格が好かれる。　・　・適切

正直に物を言う。　・　・真面目

(2) 次の文の（　）にあてはまる言葉を［　］から選んで書きましょう。

・わたしは、細かな作業をするのには、（　　　）だ。

・（　　　）な生活は、健康に悪い。

［・不規則　・不向き］

言葉の宝箱
考えや気持ちを伝える言葉（3）

名前

(1) 次の心情を表す言葉の中で、ちがった意味のもの一つに○をつけましょう。

①
- （　）待ち望む
- （　）失望
- （　）胸をふくらませる
- （　）意気ごむ

②
- （　）晴れやか
- （　）解放感
- （　）かたの荷が下りる
- （　）なごりおしい

(2) 次の文の（　）にあてはまる考え方を表す言葉を、［　］から選んで書きましょう。

① わたしは、運動が好きです。（　　　）、ボール運動が好きです。

② 明日は、社会見学の予定です。雨（　　　）、中止です。

③ 参加者の（　　　）、子どもです。

［・の場合は　・多くは　・中でも］

漢文に親しむ（1）

名前

● 次の文について答えましょう。

㋐ 百聞不如一見

① ㋐の文を日本の書き方にすると、どうなりますか。○をつけましょう。

（　）「百聞は一見にあらず」
（　）「百聞は一見にしかず」

② ㋐のような文を何といいますか。［　］から選んで（　）に書きましょう。

（　　　　）

・和文　・漢文　・散文

③ ㋐の文の意味として、使い方の正しい方に○をしましょう。

（　）絵のすばらしさを何度聞いてもわからなかったけれど、実際に見ると、よくわかった。

（　）一回見てもわからない良さは、何度も聞いて理解しよう。

漢文に親しむ (2)

名前

● 次のア・イの漢文を読んで問いに答えましょう。

ア

聞一以知十

① アの漢文を日本の書き方にした文に○をつけましょう。

（　）一を聞きて以って十を知る。

（　）聞くは一つ、以って知るのは十。

② アの漢文の意味が正しく書かれている方に○をつけましょう。

（　）聞くのは一回、教えてもらえるのは十回。

（　）一部分を聞いただけで、全体のことをさとる。

イ

子曰はく、
「故きを温めて新しきを知る、以って師となるべし。」と。

① イの漢文から生まれた言葉はどれでしょう。○をつけましょう。

（　）温故知新

（　）三寒四温

② ――線の言葉の意味に合う文に○をつけましょう。

（　）古い冷めた物をじっくりあたためて

（　）昔のことをじっくり学んで

文と文とのつながり（1）

名前

● 次の文は、どんなつながりでできていますか。——線の言葉に気をつけて、あてはまるものを□から選んで（　）に記号で答えましょう。

① お楽しみ会は、楽しかった。その理由は、手品を見ることができたからだ。（　　）

② お楽しみ会は、楽しかった。なぜなら、手品を見ることができたからだ。（　　）

③ お楽しみ会は、楽しかった。楽しかった理由は、手品を見ることができたからだ。（　　）

ア 一文目の言葉をくり返して用いる。
イ つなぐ言葉でつなげる。
ウ 指し示す言葉でつなげる。

文と文とのつながり　(2)

名前

● 次の二つの文を［　］から言葉を選んで、①②③のそれぞれの方法で、つながりのある文にしましょう。

・毎日水をやった。
・大きなかぶができた。

① 指し示す言葉でつなげる。

毎日水をやった。その結果、大きなかぶができた。

② つなぐ言葉でつなげる。

③ 一文目の言葉のくり返しでつなげる。

・だから、　・毎日水をやったから、　・その結果、

文と文とのつながり　(3)

名前

● 次の㋐㋑の二つの文を比べて、問いに答えましょう。

㋐
ヒマワリは、キク科の一年草の植物です。ヒマワリは、花が太陽を向くことで知られています。ヒマワリは、夏の季語でもあります。

㋑
ヒマワリは、キク科の一年草の植物です。花が太陽を向くことで知られています。夏の季語でもあります。

① 少しくどいように感じるのは、㋐㋑のどちらですか。

（　　）

② 文のつながりがすっきりとして分かりやすいのは、㋐㋑のどちらですか。

（　　）

③ ㋐㋑の文に共通する主語にあたる言葉を書きましょう。

表現をくふうする

名前

(1) 次の文で比喩を使って表現している部分に――線を引きましょう。

〈例〉問題が解決して、<u>雲に乗ったような気持ちだ。</u>

① かわいい子犬が座っている姿は、ぬいぐるみの人形だ。

② 頂上からのながめは、心が洗われるような景色だ。

(2) 次のような様子の時に使う比喩にあたる言葉を――線で結びましょう。

① とても生き生きとしている。	・	・	水を打ったよう
② その場にいる多くの人々が静まりかえる。	・	・	花がさいたよう
③ 辺りが明るくなる。	・	・	水を得た魚のよう

ことばあつめ (1)

名前

(1) 次の文で、原因と結果の関係をうまく表すように——線で結びましょう。

① 母が届けてくれたおかげで・　・忘れ物をした。

② 朝あわてて家を出たせいで・　・忘れ物をしなかった。

③ 大きな音がしたから・　・大きく実った。

④ 肥料をたくさんやったので・　・赤ちゃんが起きてしまった。

(2) 次の文で、原因と結果の関係が表現されている言葉に——線を引きましょう。

〈例〉台風が来るから、休校になった。（「から」に傍線）

① みんなの希望により、学級会を開くことになった。

② 花がかれてしまった原因は、雨が降らなかったからだ。

③ 道路工事のせいで、通行止めになっている。

ことばあつめ (2)

名前

● 次の二つの文を［　］の言葉でつないで、原因と結果を表す一つの文にしましょう。

① 大雨が続いた。
川の水があふれた。

から

大雨が続いたから、
川の水があふれた。

② 犬が大きな声でほえた。
妹が泣いてしまった。

ので

③ 近くにお店ができた。
買い物が便利になった。

おかげで

さまざまな読み方 (1)

名前

● ――線の漢字の読み方を、□から選んで（　）に書きましょう。

①
㋐ 色紙でつるを折る。（　）
㋑ 色紙に寄せ書きをする。（　）

・いろがみ　・しきし

②
㋐ 舞台の上手から登場する。（　）
㋑ 妹は絵をかくのが上手だ。（　）
㋒ 相手の上手をいく。（　）

・うわて　・じょうず　・かみて

③
㋐ お客が一時におしかける。（　）
㋑ 楽しい一時を過ごす。（　）

・ひととき　・いっとき

④
㋐ 父が電車から降りる。（　）
㋑ 今日は、雨が降る。（　）

・おりる　・ふる

さまざまな読み方 (2)

名前

● ——線を引いた漢字の読み方を、□から選んで（　）に書きましょう。

①

㋐ 水族館を見物する。（　　）

㋑ それは見物だ。（　　）

・みもの　・けんぶつ

②

㋐ 下手な絵をかく。（　　）

㋑ 舞台の下手に立つ。（　　）

㋒ こちらが下手に出る。（　　）

・したて　・へた　・しもて

③

㋐ この薬はとても苦い。（　　）

㋑ せきが出て、苦しい。（　　）

・にがい　・くるしい

特別な読み方の言葉 (1)

名前

● ――線を引いた漢字の読み方を［　］から選んで書きましょう。

①

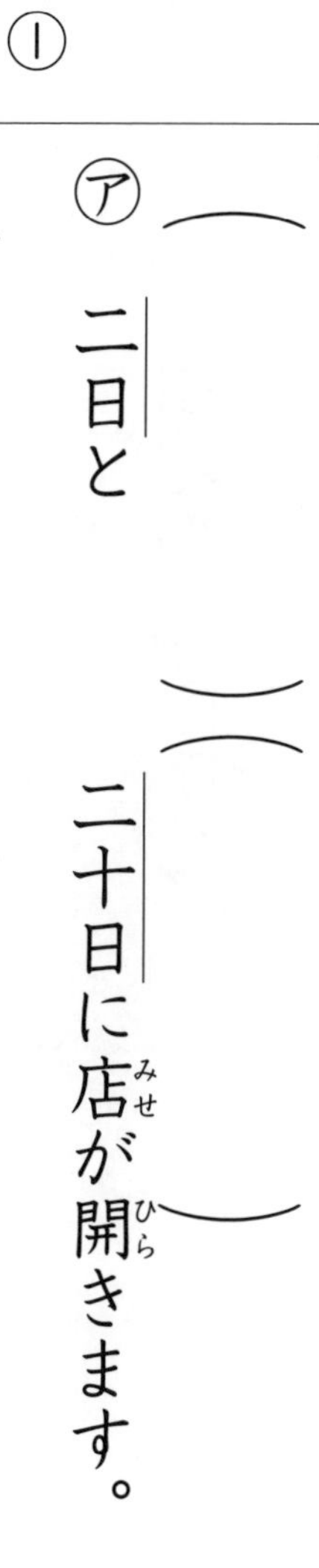

㋐（　　　）二日と（　　　）二十日に店が開きます。

㋑（　　　）一日は、わたしの誕生日です。

・ついたち　・はつか　・ふつか

②

㋐（　　　）昨日は（　　　）河原で遊びました。

㋑（　　　）今日は友達の（　　　）部屋で遊びます。

・きょう　・きのう　・へや　・かわら

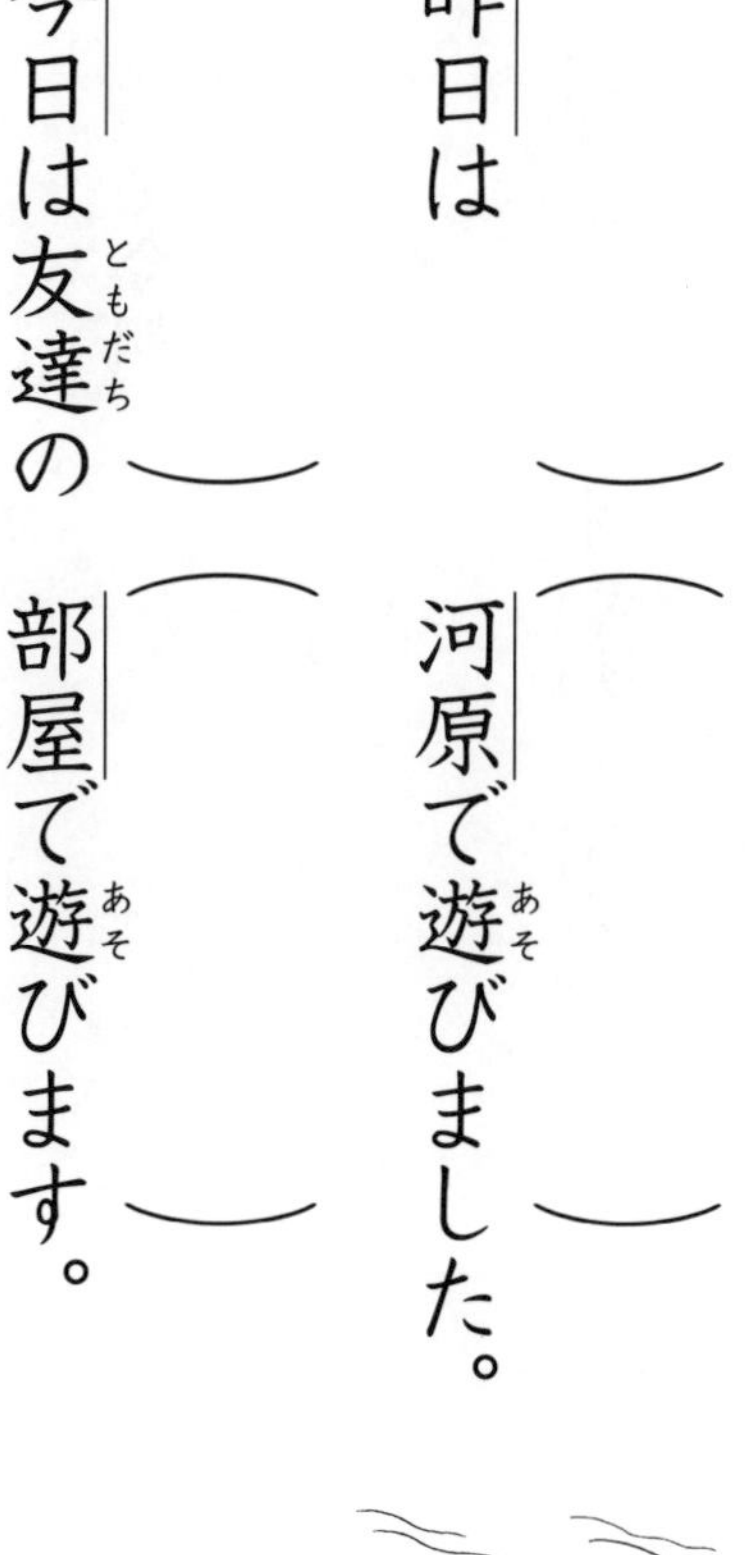

③

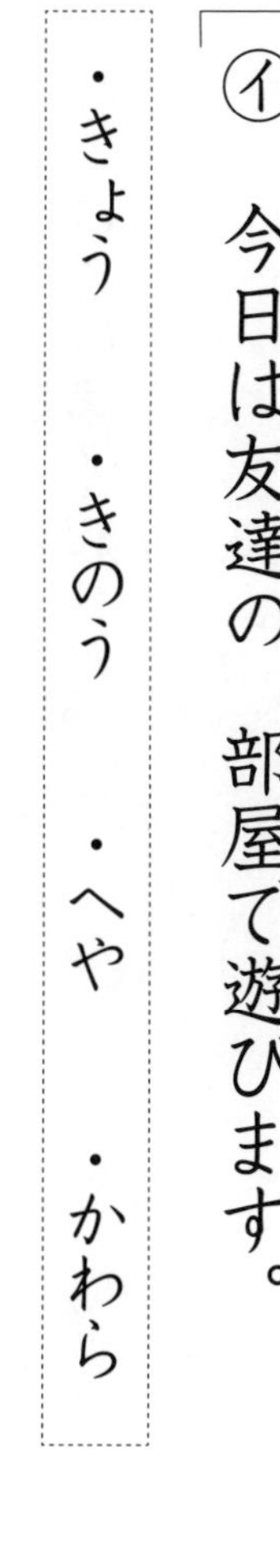

㋐（　　　）姉さんは、（　　　）真っ赤な（　　　）眼鏡をかけている。

㋑（　　　）真っ青な空と海の（　　　）景色が美しい。

・ねえさん　・けしき　・めがね　・まっか　・まっさお

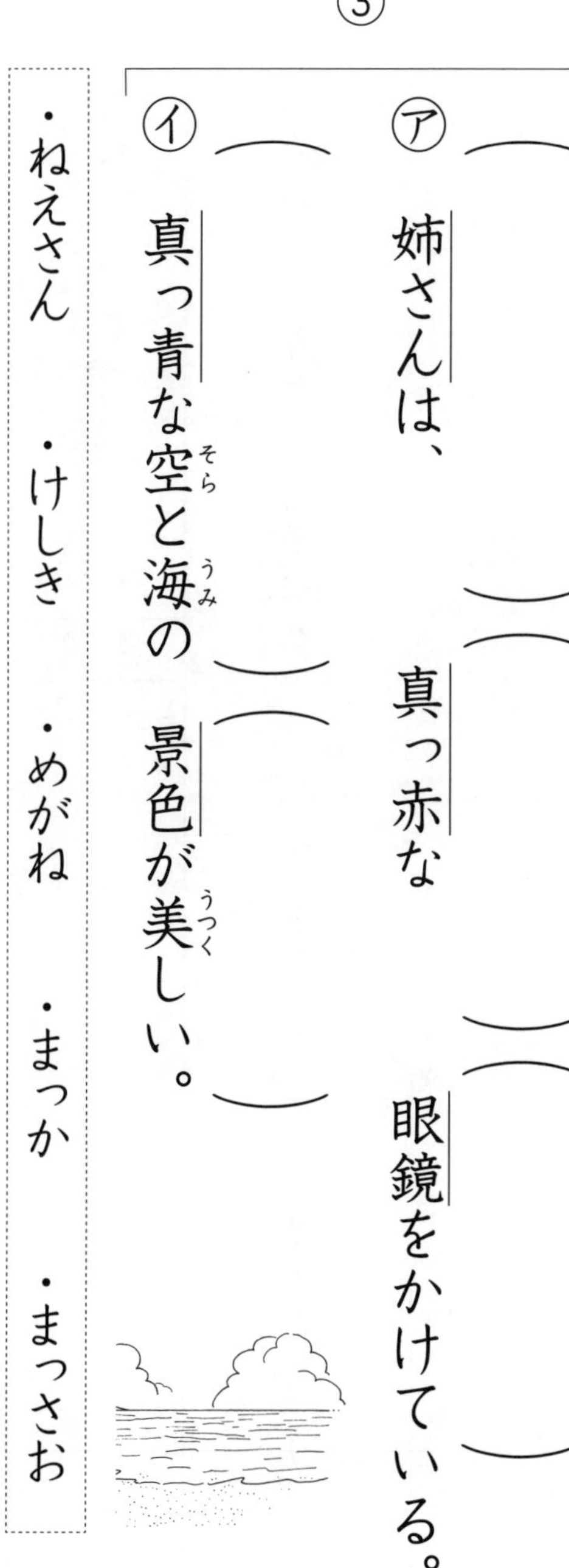

特別な読み方の言葉 (2)

名前

● ――線の読み方をする漢字を［　］から選んで［　］に書きましょう。

①
㋐ ことしの夏は、暑かった。
㋑ けさは早く起きた。

・今年　・今朝

②
㋐ 岩の間からしみずがわき出る。
㋑ 駅でまいごになる。

・迷子　・清水

③
㋐ やおやへ買い物に行く。
㋑ 好きなくだものはいちごだ。

・八百屋　・果物

解答例

本書の解答は，あくまでもひとつの例です。児童に取り組ませる前に，必ず指導される方が問題を解いてください。指導される方の作られた解答をもとに，児童の多様な考えに寄り添って○つけをお願いします。

4頁

季節の言葉
秋深し (1)

名前

「秋」といっても、時期によって、見られる風景はさまざまです。「秋」には、順に、立秋（八月八日ごろ）・処暑（八月二十三日ごろ）・白露（九月八日ごろ）・秋分（九月二十三日ごろ）・寒露（十月八日ごろ）・霜降（十月二十三日ごろ）の六つの言葉があります。

(1) 次の言葉の読み方を□から選んで書きましょう。

① 立秋　りっしゅう
② 処暑　しょしょ
③ 白露　はくろ
④ 秋分　しゅうぶん
⑤ 寒露　かんろ
⑥ 霜降　そうこう

・はくろ　・かんろ　・りっしゅう
・そうこう　・しゅうぶん　・しょしょ

(2) 次の㋐〜㋕の言葉を、季節が来る順番にならべかえて□に記号で書きましょう。

㋐ 霜降　㋑ 寒露　㋒ 処暑
㋓ 立秋　㋔ 白露　㋕ 秋分

㋓→㋒→㋔→㋕→㋑→㋐

4

5頁

季節の言葉
秋深し (2)

名前

(1) 次の言葉の意味にあてはまる説明を下から選び、——線で結びましょう。

① 立秋【りっしゅう】（八月八日ごろ）
② 処暑【しょしょ】（八月二十三日ごろ）
③ 白露【はくろ】（九月八日ごろ）

・暑さがやむという意味です。立秋から十五日目に当たる日です。このころからすずしくなり始めます。
・草木の葉につゆが結ぶころです。このころから、だんだん秋らしい感じが増してきます。
・こよみのうえで、秋が始まる日です。まだ残暑は厳しいですが、ふく風に、秋が近いことが感じられるようになります。

(2) 次の言葉の意味にあてはまる説明を下から選び、——線で結びましょう。

① 秋分【しゅうぶん】（九月二十三日ごろ）
② 寒露【かんろ】（十月八日ごろ）
③ 霜降【そうこう】（十月二十三日ごろ）

・しもが降りるころです。虫の音が少なくなり、寒さが増して、冬が近づいてきたことが感じられるようになります。
・昼と夜がほぼ同じ長さになります。この日以降、夜の時間が長くなっていきます。秋のひがんの中日でもあります。
・冷気に当たって、つゆもこおりそうになるころです。木の葉も、紅葉したり、葉が落ちたりするようになります。

5

6頁

古典芸能の世界 (1)

名前

● 次の文章を二回読んで、答えましょう。

狂言

㋐狂言は、室町時代に行われるようになった演劇で、その内容は観客を笑わせる喜劇です。

多くの作品が、二、三人の登場人物で上演され、せりふやしぐさを中心としたものになっています。

また、㋑狂言は、何もない舞台の上で演じられます。

そのため、役者自身が、動物の鳴き声や鐘の音などを声に出して表現します。

観客は、そこから様子を想像して楽しむのです。


（令和二年度版　光村図書　国語　六　創造「古典芸能の世界」による）

(1) 何という古典芸能についての説明ですか。
狂言

(2) ㋐狂言は、何時代に行われるようになった演劇ですか。
室町　時代

(3) ㋐狂言は、どんな内容の演劇ですか。○をつけましょう。
（　）観客を感動させる演劇。

（○）観客を笑わせる喜劇。

(4) ㋑狂言は、どんな舞台の上で演じられますか。
何もない　舞台の上。

(5) だれが、動物の鳴き声や鐘の音などを声に出して表現しますか。
役者　自身

6

7頁

古典芸能の世界 (2)

名前

● 次の文章を二回読んで、答えましょう。

歌舞伎

歌舞伎は、江戸時代に誕生した、音楽やおどり、登場人物のせりふやしぐさといった要素を合わせた演劇です。

歌舞伎には、独特な演出や演技があります。


隈取……筋肉などを強調した表現で、表情や役がらを印象づける化粧のしかた。

見得を切る……見せ場で体の動きを止めて、目を大きく開いてにらむ動き。

隈取

見得を切る

（令和二年度版　光村図書　国語　六　創造「古典芸能の世界」による）

(1) 何という古典芸能についての説明ですか。ひらがなで書きましょう。
かぶき

(2) 歌舞伎は、何時代に誕生した演劇ですか。
江戸　時代

(3) 歌舞伎は、どんな内容の演劇ですか。○をつけましょう。
（○）音楽やおどり、登場人物のせりふやしぐさといった要素を合わせた演劇。

（　）せりふやしぐさだけで、いろいろな様子を表現する演劇。

(4) 次の説明は、歌舞伎の独特な演出や演技の説明です。「隈取」の説明には（く）「見得を切る」の説明には（み）と、（　）に書きましょう。
（み）見せ場で体の動きを止めて、目を大きく開いてにらむ動き。

（く）筋肉などを強調した表現で、表情や役がらを印象づける化粧のしかた。

7

8頁

狂言　柿山伏 (1)　名前

● 次の文章を二回読んで、答えましょう。

柿主　やい、やい、やい、やい。

山伏　そりゃ、見つけられたそうな。かくれずはなるまい。(と、顔をかくす。)

柿主　さればこそ、顔をかくいた。あの柿の木のかげへかくれたを、ようよう見れば、人ではないと見えた。

山伏　まず㋐落ち着いた。人ではないと申す。

柿主　あれは からすじゃ。

山伏　やあ、からすじゃと申す。

柿主　からすならば鳴くものじゃが、おのれは鳴かぬか。

山伏　これは鳴かずは なるまい。

柿主　おのれ、㋑鳴かずは人であろう。その弓矢をおこせ、一矢に射殺いてやろう。

山伏　㋒こかあ、こかあ、こかあ、こかあ、こかあ。

※落ち着いた。…安心した。

(令和二年度　光村図書　国語　六　創造「狂言　柿山伏」による)

(1) 上の狂言の登場人物を、二人書きましょう。
※習っていない漢字はひらがなで書きましょう。

・かき主(柿主)・山ぶし(山伏)

(2) 山伏が、㋐まず落ち着いた(安心した)と言ったのは、なぜですか。

柿主が「かくれたのは 人ではない と見えた。」と言ったから。

(3) 柿主は、㋑鳴かずは何であろうと言っていますか。

おのれ、鳴かずは 人 であろう。

(4) 山伏が、㋒こかあと言っていますが、何の鳴きまねですか。

からす

9頁

狂言　柿山伏 (2)　名前

● 次の文章を二回読んで、答えましょう。

柿主　(笑って) さればこそ、鳴いたり鳴いたり。また、あれをようよう見れば、㋐からすではのうて さるじゃ。

山伏　やあ、今度はさるじゃと申す。

柿主　㋑さるならば、身せせりをして鳴くものじゃが、おのれは鳴かぬか。

山伏　身せせりをして、鳴かずはなるまい。

柿主　おのれ、鳴かずは人であろう。そのやりを持てこい(持って)、つき殺いてやろう。

山伏　(手でこしをかくようにしながら)㋒きゃあ、きゃあ、きゃあ、きゃあ、きゃあ。

柿主　(笑って) 鳴いたり鳴いたり。さてさて㋓きゃつ(あいつ)は、物まねの上手なやつじゃ。何ぞ、困ることはないか知らぬ。

※身せせり…毛づくろい

(令和二年度　光村図書　国語　六　創造「狂言　柿山伏」による)

(1) 柿主は、㋐からすではのうて、何じゃと言っていますか。

さる

(2) 柿主は、㋑さるならば、何をして鳴くものじゃと言っていますか。

さるならば 身せせり をして鳴くものじゃ。

(3) 山伏が、㋒きゃあ、きゃあ、と鳴きまねをしたのは、なぜですか。○をつけましょう。

( ) 柿主が、鳴いてほしいと言っているから。

(○) 柿主が、人であるとわかれば、やりでつき殺すと言っているから。

(4) 柿主は山伏のことを、㋓きゃつは、どんなやつだと言っていますか。

物まね の 上手な やつじゃ。

10頁

季節の言葉　冬のおとずれ (1)　名前

「冬」といっても、時期によって、見られる風景はさまざまです。「冬」には、順に、立冬(十一月七日ごろ)・小雪(十一月二十二日ごろ)・大雪(十二月七日ごろ)・冬至(十二月二十二日ごろ)・小寒(一月五日ごろ)・大寒(一月二十日ごろ)の六つの言葉があります。

(1) 次の言葉の読み方を□から選んで書きましょう。

① 立冬　りっとう

② 小雪　しょうせつ

③ 大雪　たいせつ

④ 冬至　とうじ

⑤ 小寒　しょうかん

⑥ 大寒　だいかん

・だいかん　・とうじ　・しょうせつ
・りっとう　・たいせつ　・しょうかん

(2) 次の㋐～㋕の言葉を、季節が来る順番にならべかえて□に記号で書きましょう。

㋐ 小雪　㋑ 冬至　㋒ 小寒
㋓ 大寒　㋔ 立冬　㋕ 大雪

オ → ア → カ → イ → ウ → エ

11頁

季節の言葉　冬のおとずれ (2)　名前

(1) 次の言葉の意味にあてはまる説明を下から選び、──線で結びましょう。

① 【りっとう】立冬 (十一月七日ごろ)

② 【しょうせつ】小雪 (十一月二十二日ごろ)

③ 【たいせつ】大雪 (十二月七日ごろ)

- 寒さはまだ深まってはいませんし、雪もそれほど多くはないころです。冬の気配は進んできています。
- こよみのうえで、冬が始まる日です。まだ秋の気配は残っていますが、だんだん冬に近づいていきます。
- 寒気が増し、雪も激しくなってくるころです。この日を過ぎると、いっそう冬らしくなります。

(解答: ①→こよみのうえで、冬が始まる日です。…　②→寒さはまだ深まってはいませんし、…　③→寒気が増し、…)

(2) 次の言葉の意味にあてはまる説明を下から選び、──線で結びましょう。

① 【とうじ】冬至 (十二月二十二日ごろ)

② 【しょうかん】小寒 (一月五日ごろ)

③ 【だいかん】大寒 (一月二十日ごろ)

- 一年の中で、昼の時間が最も短く、夜の時間が最も長い日です。かぼちゃなど、特定の食べ物を食べる習わしがあります。
- 一年の中で最も寒い時期です。「寒」が明けて立春になると、春が近づいてきます。
- この日から立春になるまでの期間を「寒」といいます。小寒は「寒の入り」ともいわれます。

(解答: ①→一年の中で、昼の時間が最も短く、…　②→この日から立春になるまでの期間を…　③→一年の中で最も寒い時期です。…)

解答例

本書の解答は，あくまでもひとつの例です。児童に取り組ませる前に，必ず指導される方が問題を解いてください。指導される方の作られた解答をもとに，児童の多様な考えに寄り添って○つけをお願いします。

12頁

ぽくぽく

名前

● 次の詩を二回読んで、答えましょう。

〈ぽくぽく〉

八木 重吉

ぽくぽく
ぽくぽく
まりを　ついていると
にがい　にがい　いままでのことが
ぽくぽく
ぽくぽく
むすびめが　ほぐされて
花がさいたようにみえてくる

※まり…ボールのこと
※ほぐす…もつれたものをほどく。かたくなったものをやわらかくする。

（令和二年度版　光村図書　国語　六　創造　八木　重吉）

(1) この詩の中で、四回くりかえされている言葉を書きましょう。

ぽくぽく

(2) にがい　にがい　いままでのこと　とありますが、どんなことを言っていると思いますか。○をつけましょう。

（○）失敗したことや、悲しかったこと。
（　）うれしかったことや、楽しかったこと。

(3) まりをついていると、にがいにがいいままでのことは、どんなふうにみえてくると書いてありますか。□に言葉を書きましょう。

むすびめが　ほぐされて
花がさいた
ようにみえてくる

13頁

動物たちの恐ろしい夢のなかに

名前

● 次の詩を二回読んで、答えましょう。

動物たちの恐ろしい夢のなかに

川崎　洋

犬も
馬も
夢をみるらしい

動物たちの
恐ろしい夢のなかに
人間がいませんように

（令和二年度版　光村図書　国語　六　創造　川崎　洋）

(1) どの動物が夢をみるらしいと書いてありますか。二つ書きましょう。

犬
馬

(2) 詩に書かれている動物たちとは、どんな動物のことをいっていますか。○をつけましょう。

（　）犬と馬だけ。
（○）犬と馬のほかにも、いろいろなたくさんの動物。

(3) この詩では、どんなことを願っていますか。□に言葉を書きましょう。

動物たちの
恐ろしい夢のなかに
人間がいませんように

14頁

人を引きつける表現 (1)

名前

● 次の詩を二回読んで、答えましょう。

書いてある内容は同じでも、どう表現するのかによって、味わいはちがってきます。いくつかの作品をもとに、表現の工夫について考えてみましょう。

つき
でたでた　つきが
まるいまるい　まんまるい
ぼんのような　つきが

㋐「つき」という歌の歌詞を見てみましょう。どのような表現の工夫があるでしょうか。

まず、言葉の順番が、㋑ふつうとはちがっていることに気づきます。「てた」が先に、「つきが」が後になっています。

㋒先に言うことで、月が「でた」ことが強調されています。

（令和二年度版　光村図書　国語　六　創造　「言葉について考えよう」による）

(1) 書いてある内容が同じでも、どう表現するのかによって、何がちがってきますか。

味わい

(2) ㋐「つき」という歌の歌詞は、何がふつうとはちがっていますか。

言葉の順番。

(3) ㋑ふつうとはちがっている言葉の順番は、どうなっていますか。

「でた」が先に、「つきが」が後になっています。

(4) 「でた」を㋒先に言うことで、何が強調されますか。

月が「でた」ことが強調されます。

15頁

人を引きつける表現 (2)

名前

● 次の文章を二回読んで、答えましょう。

㋐
つき
でたでた　つきが
まるいまるい　まんまるい
ぼんのような　つきが

また、「でたでた」のようなくり返しも、大切な表現の工夫です。くり返すことで、そのことが強く印象づけられるとともに、調子のよいリズムも㋐生まれます。

さらに、㋑満月の「まるい」形が、「ぼんのような」とたとえられています。このように、似ているものにたとえる表現を、比喩とよびます。「まるいぼん」が「まるい月」の比喩となっていることで、身近な印象をあたえるとともに、「まんまるい」形をしていることがよく伝わってきます。㋒「月が顔を出す」という表現を見かけることがありますが、「月」に対して「顔を出す」という言葉を使うのも、比喩的な発想の表現ですね。

（令和二年度版　光村図書　国語　六　創造　「言葉について考えよう」による）

(1) 「でたでた」と同じ、くり返しの表現の工夫を、㋐の「つき」という歌の歌詞から見つけて書きましょう。

まるいまるい

(2) くり返すことで、そのことが強く印象づけられるとともに、何が㋐生まれますか。八文字で書きましょう。

調子のよいリズムも生まれます。

(3) ㋑満月の「まるい」形は、どのようにたとえられていますか。

「ぼんのような」とたとえられています。

(4) ㋒月が顔を出すとは、どんな様子ですか。○をつけましょう。

（○）雲の切れ目から、かくれていた月が見えた様子。
（　）月がうさぎの顔のように見える様子。

16頁

海の命（1）

名前

● 次の文章を二回読んで、答えましょう。

もぐり漁師だった太一の父は、漁の最中に死んでしまったが、太一は、中学を卒業後、与吉じいさの弟子になり、一本づりの漁師になった。弟子になって何年もたったころ、与吉じいさは、太一に「おまえは村一番の漁師だよ。」と言った。与吉じいさの死後、たくましい若者になった太一は、父が死んだ辺りの瀬（水の流れが速いところ）にもぐるようになった。

1 追い求めているうちに、㋐不意に夢は実現するものだ。
太一は海草のゆれる㋑穴のおくに、青い宝石の目を見た。

2 海底の砂に㋒もりをさして場所を見失わないようにしてから、㋓太一は銀色にゆれる水面にうかんでいった。

※もり…魚などをつきさしてとる、先のとがった道具。

1
(1) ㋐不意にという言葉の意味に合うものに○をつけましょう。
（○）急に。
（　）予想していた通りに。

(2) 太一は、㋑穴のおくに何を見ましたか。
青い宝石の目

2
(1) 太一が、海底の砂に㋒もりをさしたのは、何のためでしたか。
場所 を見失わないようにするため。

(2) ㋓太一は銀色にゆれる水面にうかんでいった。とは、どういうことですか。○をつけましょう。
（　）海の底で泳ぎつづけた。
（○）海の底から、水面に向かってのぼっていった。

（令和二年度版　光村図書　国語　六　創造　立松　和平）

※「海の命」の教材は，令和二年度版　東京書籍　新しい国語　六　にも掲載されています。

16

17頁

海の命（2）

名前

● 次の文章を二回読んで、答えましょう。

息を吸ってもどると、同じ所に同じ青い目がある。㋐ひとみは黒いしんじゅのようだった。刃物のような㋑歯が並んだ灰色の㋒くちびるは、ふくらんでいて大きい。魚がえらを動かすたび、㋓水が動くのが分かった。岩そのものが㋔魚のようだった。全体は見えないのだが、百五十キロはゆうにこえているだろう。

(1) ㋐ひとみは、何のようでしたか。
黒いしんじゅ

(2) 並んだ㋑歯は、何のようでしたか。
刃物

(3) ㋒くちびるは、どんな様子ですか。
灰 色で、ふくらんでいて **大きい** 。

(4) 魚がどうするたびに、㋓水が動くのが分かりましたか。
えらを動かす たび。

(5) ㋔魚のようだったのは、何ですか。
岩そのもの

（令和二年度版　光村図書　国語　六　創造　立松　和平）

※「海の命」の教材は，令和二年度版　東京書籍　新しい国語　六　にも掲載されています。

17

18頁

海の命（3）

名前

● 次の文章を二回読んで、答えましょう。
太一は、海中の穴のおくに、百五十キロはゆうにこえている大きな魚を見つけた。

1 興奮していながら、太一は冷静だった。これが自分の㋐追い求めてきたまぼろしの魚、村一番のもぐり漁師だった父を破った瀬の主なのかもしれない。

※興奮…気持ちが高ぶること。
※冷静…落ち着いていること。
※まぼろしの魚…いるかいないか分からない魚。

2 太一は㋑鼻づらに向かってもりをつき出すのだが、クエは動こうとはしない。そうしたままで時間が過ぎた。太一は永遠にここにいられるような気さえした。しかし、息が苦しくなって、またうかんでいく。

1
(1) 大きな魚と向かい合っている太一の気持ちに合うものに○をつけましょう。
（　）興奮するばかりだった。
（○）興奮していても、冷静だった。

(2) 太一が㋐追い求めてきた魚は、どんな魚ですか。
まぼろし の魚。
父を破った **瀬の主** 。

2
(1) 大きな魚の名前を書きましょう。
クエ

(2) 太一は㋑鼻づらに向かってもりをつき出すのだが、クエは、どうしていましたか。
クエは **動こう** とはしない。

（令和二年度版　光村図書　国語　六　創造　立松　和平）

※「海の命」の教材は，令和二年度版　東京書籍　新しい国語　六　にも掲載されています。

18

19頁

海の命（4）

名前

● 次の文章を二回読んで、答えましょう。

1 もう一度もどってきても、㋐瀬の主は全く動こうとはせずに太一を見ていた。おだやかな目だった。この大魚は自分に殺されたがっているのだと、太一は思ったほどだった。これまで数限りなく魚を殺してきたのだが、こんな感情になったのは初めてだ。

※数限りなく…数えきれないほどたくさん。

2 この魚をとらなければ、本当の一人前の漁師にはなれないのだと、太一は泣きそうになりながら思う。

1
(1) 太一がもう一度もどってきても、㋐瀬の主はどんな様子でしたか。二つに○をつけましょう。
（　）にげていなくなっていた。
（○）全く動こうとしなかった。
（○）太一を見ていた。

(2) ㋐瀬の主は、どんな目で太一を見ていましたか。
おだやかな 目。

(3) 瀬の主（大魚）の様子から、太一はどんなふうに思いましたか。
この大魚は自分に **殺されたがっている** のだと、太一は思ったほどだった。

2
(1) この魚をとらなければ、何にはなれないのだと、太一は思いましたか。
本当の一人前の漁師

（令和二年度版　光村図書　国語　六　創造　立松　和平）

※「海の命」の教材は，令和二年度版　東京書籍　新しい国語　六　にも掲載されています。

19

解答例

本書の解答は，あくまでもひとつの例です。児童に取り組ませる前に，必ず指導される方が問題を解いてください。指導される方の作られた解答をもとに，児童の多様な考えに寄り添って○つけをお願いします。

20頁 海の命 (5)

名前

● 次の文章を二回読んで、答えましょう。

1

水の中で太一は
ふっとほほえみ、
口から銀のあぶくを出した。
もりの刃先を足の方にどけ、
㋐クエに向かって
もう一度えがおを作った。

2

「おとう、
ここにおられたのですか。
また会いに来ますから。」
こう思うことによって、
太一は瀬の主を
殺さないで済んだのだ。
㋑大魚は
この海の命だと
思えた。

（令和二年度版　光村図書　国語　六　創造　立松　和平）

1 (1) 水の中で太一は、どうしましたか。

ふっと **ほほえみ**、口から銀の **あぶく** を出した。

(2) 太一が、㋐クエに向かってもう一度何を作りましたか。

えがお を作った。

2 (1) 太一は、どう思うことによって、瀬の主を殺さないで済みましたか。上の文から見つけ書きうつしましょう。

「**おとう、ここにおられたのですか。また会いに来ますから。**」

(2) 太一は、㋑大魚のことを何だと思えたのですか。

この **海の命** だと思えた。

※「海の命」の教材は、令和二年度版　東京書籍　新しい国語　六　にも掲載されています。

20

21頁 海の命 (6)

名前

● 次の文章を二回読んで、答えましょう。

1

やがて、太一は
村のむすめとけっこんし、
子どもを四人育てた。
男と女と二人ずつで、
みんな元気で
やさしい子どもたちだった。
㋐母は、おだやかで満ち足りた、
美しいおばあさんになった。

2

太一は村一番の漁師で
あり続けた。千びきに
一ぴきしかとらないのだから、
海の命は全く変わらない。
巨大なクエを
岩の穴で
見かけたのに
もりを打たなかったことは、
もちろん太一は㋑生涯
だれにも話さなかった。

※生涯…生きている間。

（令和二年度版　光村図書　国語　六　創造　立松　和平）

1 (1) 太一は、何人の子どもを育てましたか。

四人

(2) 太一の㋐母は、どんなおばあさんになりましたか。○をつけましょう。

（　）元気でさびしいおばあさん。
（○）おだやかで満ち足りた、美しいおばあさん。

2 (1) 太一は、どんな漁師であり続けましたか。

村一番 の漁師。

(2) 太一が㋑生涯だれにも話さなかったことは、どんなことですか。

巨大な **クエ** を岩の穴で見かけたのに **もり** を打たなかったこと。

※「海の命」の教材は、令和二年度版　東京書籍　新しい国語　六　にも掲載されています。

21

22頁 生きる (1)

名前

● 次の詩は「生きる」という詩の第一連です。二回音読して、答えましょう。

生きる　谷川　俊太郎

生きているということ
いま生きているということ
それはのどがかわくということ
木もれ陽がまぶしいということ
ふっと或るメロディを思い出すということ
くしゃみすること
あなたと手をつなぐこと

（令和二年度版　光村図書　国語　六　創造　谷川　俊太郎）

(1) 「いま生きているということ」として書かれていることを五つ書きましょう。

① それは **のど** がかわくということ
② 木もれ陽が **まぶしい** ということ
③ ふっと或る **メロディ** を思い出すということ
④ **くしゃみ** すること
⑤ あなたと **手** を **つなぐ** こと

22

23頁 生きる (2)

名前

● 次の詩は「生きる」という詩の第二連です。二回音読して、答えましょう。

生きているということ
いま生きているということ
それはミニスカート
それはプラネタリウム
それはヨハン・シュトラウス
それはピカソ
それはアルプス
すべての美しいものに出会うということ
そして
かくされた悪を注意深くこばむこと

※こばむ…ことわる。応じない。

（令和二年度版　光村図書　国語　六　創造　谷川　俊太郎）

(1) 「いま生きているということ」として書かれていることを、七つ書きましょう。

① それは **ミニスカート**
② それは **プラネタリウム**
③ それは **ヨハン・シュトラウス**
④ それは **ピカソ**
⑤ それは **アルプス**
⑥ すべての **美しい** ものに出会うということ
⑦ かくされた **悪** を注意深く **こばむ** こと

23

生きる (3)

名前

● 次の詩は「生きる」という詩の第三連です。二回音読して、答えましょう。

生きているということ
いま生きているということ
泣けるということ
笑えるということ
怒れるということ
自由ということ

（令和二年度版　光村図書　国語　六　創造　谷川　俊太郎）

(1) 「いま生きているということ」として書かれていることを、四つ書きましょう。

① 泣ける ということ

② 笑える ということ

③ 怒れる ということ

④ 自由 ということ

25頁

生きる (4)

名前

● 次の詩は「生きる」という詩の第四連です。二回音読して、答えましょう。

生きているということ
いま生きているということ
いま遠くで犬がほえるということ
いま地球がまわっているということ
いまどこかで産声があがるということ
いまどこかで兵士が傷つくということ
いまぶらんこがゆれているということ
いまいまが過ぎてゆくこと

（令和二年度版　光村図書　国語　六　創造　谷川　俊太郎）

(1) 「いまどこかで産声があがるということ」と同じことを表す文一つに、○をつけましょう。

(○) いまどこかで新しい命が産まれるということ

( ) いまどこかでだれかが悲しみ泣いているということ

( ) いまどこかでぶらんこがゆれているということ

(2) 「いまどこかで産声があがるということ」と対比して書かれている文を、上の詩から見つけて書きましょう。

いまどこかで 兵士 が 傷つく ということ

26頁

生きる (5)

名前

● 次の詩は「生きる」という詩の第五連です。二回音読して、答えましょう。

生きているということ
いま生きているということ
鳥ははばたくということ
海はとどろくということ
かたつむりははうということ
人は愛するということ
あなたの手のぬくみ
いのちということ

（令和二年度版　光村図書　国語　六　創造　谷川　俊太郎）

(1) 「いま生きているということ」は、鳥はどうするということ、と書いてありますか。

鳥は はばたく ということ

(2) 「いま生きているということ」は、どうすることと書いてありますか。最後の三行を読んで、次の□に言葉を書きましょう。

人は 愛する ということ
あなたの 手 の ぬくみ
いのち ということ

27頁

平和のとりでを築く (1)

名前

● 次の文章を二回読んで、答えましょう。

1 一九四五年（昭和二十年）八月六日午前八時十五分、よく晴れた夏空が広がる朝、広島市に㋐原子爆弾が投下された。それは、この建物にほど近い、約六百メートルの上空で爆発した。

2 強烈な熱線と爆風が放射線とともに㋑市街をおそった。㋒市民の多くは一瞬のうちに生命をうばわれ、川は死者でうまるほどだった。ようやく生き残った人々も傷つき、その多くは死んでいった。

（令和二年度版　光村図書　国語　六　創造　大牟田　稔）

1 (1) ㋐原子爆弾は、何年何月何日、どこに投下されましたか。

・何年何月何日　一九四五 年 八月六日

・どこに　広島 市

2 (1) 爆発で何が㋑市街をおそったのですか。

強烈な 熱線 と爆風が 放射線 とともに市街をおそった。

(2) ㋒市民の多くはどうなりましたか。二つに○をつけましょう。

( ) 傷ついたが、全員生き残った。

(○) 一瞬のうちに生命をうばわれた。

(○) ようやく生き残った人々もその多くは死んでいった。

解答例

本書の解答は，あくまでもひとつの例です。児童に取り組ませる前に，必ず指導される方が問題を解いてください。指導される方の作られた解答をもとに，児童の多様な考えに寄り添って○つけをお願いします。

28頁

平和のとりでを築く (2)

名前

● 次の文章を二回読んで、答えましょう。

爆心地に近かった㋐この建物は、たちまち炎上し、㋑中にいた人々は全員なくなったという。建物は、ほぼ真上からの爆風を受けたため、㋒全焼はしたものの、れんがと鉄骨の一部は残った。丸屋根の部分は、支柱の鉄骨がドームの形となり、この傷だらけの建物の最大の特徴を、後の時代にとどめることとなった。

（令和二年度版　光村図書　国語　六　創造　大牟田　稔）

(1) ㋐この建物は、どこに近かったのですか。

爆心地

(2) この建物は炎上し、㋑中にいた人々はどうなりましたか。

全員 **なくなった。**

(3) 建物は、ほぼ真上からの爆風を受けたため、㋒全焼はしたものの何が残りましたか。

れんが と **鉄骨** の一部。

28

29頁

平和のとりでを築く (3)

名前

● 次の文章を二回読んで、答えましょう。

原爆ドームを保存するか、それとも取りこわしてしまうか、戦後まもないころの広島では㋐議論が続いた。保存反対論の中には、「原爆ドームを見ていると、原爆がもたらしたむごたらしいありさまを㋑思い出すので、一刻も早く取りこわしてほしい。」という意見もあった。

（令和二年度版　光村図書　国語　六　創造　大牟田　稔）

(1) 原爆ドームを保存するか、取りこわしてしまうか、という㋐議論はいつごろ、どこで続いたのですか。

・いつごろ　**戦後** まもないころ。

・どこで　**広島** で。

(2) 広島では、どんな㋐議論が続いたのですか。○をつけましょう。

（○）原爆ドームを保存するか、取りこわしてしまうか。

（　）原爆ドームを取りこわして、そのあと地に何を作るか。

(3) 保存反対論の中には、原爆ドームを見ていると、何を㋑思い出すという意見がありましたか。

原爆がもたらした **むごたらしいありさま** を思い出す。

29

30頁

平和のとりでを築く (4)

名前

● 次の文章を二回読んで、答えましょう。

市民の意見が原爆ドーム保存へと固まったのは、一九六〇年（昭和三十五年）の春、急性白血病でなくなった一少女の㋒日記が㋐きっかけであった。赤ちゃんだったころに原爆の放射線を浴びたその㋑少女は、十数年たって、突然、被爆が原因とみられる病にたおれたのだった。残された日記には、あの痛々しい産業奨励館だけが、いつまでも、おそるべき原爆のことを後世にうったえかけてくれるだろう――、と書かれていた。この日記に後おしされて、市民も役所も「原爆ドーム永久保存」に立ち上がったのである。

（令和二年度版　光村図書　国語　六　創造　大牟田　稔）

(1) 市民の意見が原爆ドーム保存へと固まったのは、何が㋐きっかけでしたか。

急性白血病 でなくなった一少女の **日記** がきっかけであった。

(2) ㋑少女は、十数年たって、突然どうなりましたか。

被爆が **原因** とみられる病に **たおれた** のだった。

(3) 少女の㋒日記には、何と書かれていましたか。

あの痛々しい産業奨励館だけが、いつまでも、**おそるべき原爆** のことを **後世** にうったえかけてくれるだろう。

30

31頁

ヒロシマのうた (1)

名前

登場人物　わたし・ミ子ちゃん（ヒロ子）・ミ子ちゃん（ヒロ子）を育てたお母さん

● 次のあらすじと文章を二回読んで、答えましょう。

広島にアメリカの飛行機が原爆を落とした日の夜、水兵だったわたしは、広島の駅の裏にある東練兵場へ行きました。練兵場全体が、死人と動けない人のうめき声でうずまっていて、とてもおそろしいおもいをしました。その中で、わたしは一人の赤ちゃんとひん死のお母さんに出会いました。赤ちゃんはお母さんに「ミ子ちゃん。」とよばれていましたが、まもなく、そのお母さんはミ子ちゃんをだいたまま死んでしまいました。

わたしは、その赤ちゃんを、リヤカーに荷物を積んでにげていく夫婦に預けました。

それから、七年目のある日、ラジオのたずね人の放送で、自分のことを探している人がいるらしいことを知りました。そして、わたしが預けた赤ちゃんは、あの時の夫婦に、原爆で死んだ自分たちの子、ヒロ子として育てられていることがわかりました。わたしと、ミ子ちゃんを育ててくれている女性は、広島で会うことになりました。

広島の町はすっかり変わっていました。ミ子ちゃんは、はずかしそうに、何を言ってもだまって、お母さんのそでにかくれていました。

「ああ、㋐この子は何も知らないのだな。幸せだな。」

わたしは最初に、そう思いました。

（令和二年度版　東京書籍　新しい国語　六　今西　祐行）

(1) ミ子ちゃんの様子にあてはまるもの二つに、○をつけましょう。

（○）はずかしそうに、何を言ってもだまっていました。

（　）お母さんとたくさん話しをしていました。

（○）だまって、お母さんのそでにかくれていました。

(2) ㋐この子とは、だれのことですか。

ミ子 ちゃん

31

32頁

ヒロシマのうた (2)

名前

● 次の文章を二回読んで、答えましょう。

登場人物　わたし・ミ子ちゃん（ヒロ子）・ミ子ちゃん（ヒロ子）を育てたお母さん

その日、初めて、
わたしは
あの日死んでいった
㋐ミ子ちゃんのお母さんの話を
しました。とちゅうまで
一生けん命に聞いていた
お母さんは、急にぼろぼろと
なみだを流しだして、
「ええ、もう、今日
お会いするまでに、
㋑決心したのです。ヒロ子は
やっぱりわたしの子です。
だれが何と言ったって、
あげるものですか。」
ミ子ちゃんをだれかに
㋒預けたいという
相談をするために来たはずの
お母さんは、そう言って、
泣きじゃくるのです。

（令和二年度版　東京書籍　新しい国語　六　今西　祐行）

(1) わたしがした、㋐ミ子ちゃんのお母さんの話とは、どちらのお母さんの話ですか。○をつけましょう。

（　）ミ子ちゃん（ヒロ子）を育てたお母さん。

（○）ミ子ちゃん（ヒロ子）を産んで、原爆で死んだお母さん。

(2) ミ子ちゃん（ヒロ子）を育てたお母さんは、どんな㋑決心をしたのですか。○をつけましょう。

（○）ミ子ちゃん（ヒロ子）は自分の子だから、これからもずっと育てるという決心。

（　）ミ子ちゃん（ヒロ子）をだれかに預けて、もう育てるのをやめるという決心。

(3) ミ子ちゃん（ヒロ子）のお母さんは、どんな㋒相談をするために来たはずだったのですか。

［ミ子］ちゃんをだれかに［預け］たいという相談をするために来たはずだった。

33頁

ヒロシマのうた (3)

名前

● 次の文章を二回読んで、答えましょう。

今年の春、何年かぶりでヒロ子ちゃん（ミ子ちゃん）を育てているお母さんから手紙が来ました。中学を卒業して洋裁の勉強をしているヒロ子ちゃん（ミ子ちゃん）に、ヒロ子ちゃん（ミ子ちゃん）を産んで原爆で死んだお母さんの話をしてやってほしいとありました。わたしは原爆の記念日に広島でヒロ子ちゃん（ミ子ちゃん）と会うことになりました。

登場人物　わたし・ヒロ子（ミ子ちゃん）

わたしはやっと、
ポケットに持っていた
布の名札を取り出して、
(あ)「ヒロ子ちゃん、
これ何だか知ってる？」
と聞きました。
広島市横川町二ー三
㋐長谷川清子　A型
と書いた、うすよごれた
小さな名札です。
(い)「何ですか、それ。」
不思議そうに、
ちょっと指先で
㋑さわってみたりしました。

（令和二年度版　東京書籍　新しい国語　六　今西　祐行）

(1) (あ)と(い)の言葉は、だれが言った言葉ですか。（　）に(あ)か(い)の記号を書きましょう。

（い）ヒロ子（ミ子ちゃん）

（　）ヒロ子（ミ子ちゃん）のお母さん

（あ）わたし

(2) 小さな名札に書かれた、㋐長谷川清子とはだれのことですか。○をつけましょう。

（　）ヒロ子（ミ子ちゃん）を育てたお母さん。

（○）ヒロ子（ミ子ちゃん）を産んで、原爆で死んだお母さん。

(3) だれが、何を㋑さわってみたりしたのですか。

・だれが

（　）わたし

（○）ヒロ子（ミ子ちゃん）

・何を

うすよごれた小さな［名札］。

34頁

ヒロシマのうた (4)

名前

● 次の文章を二回読んで、答えましょう。

登場人物　わたし・ヒロ子（ミ子ちゃん）

1

わたしは、じっと窓の外の
とうろうを見ながら、あの日の
㋐ヒロ子ちゃんのお母さんの話を
しました。ヒロ子ちゃんは、
だまって聞いている様子でした。
ヒロ子ちゃんが、
わっと泣きだしたりしたら
どうしようと、
わたしは㋑心配でした。

2

でも、ふと、
ヒロ子ちゃんの顔を見て、
わたしは㋒ほっとしました。
ヒロ子ちゃんは、その名札を胸の
ところにおさえて、わたしの方を
見ると、にっこり笑って、
「あたし、㋓お母さんに
似てますか？」
と言うのです。

（令和二年度版　東京書籍　新しい国語　六　今西　祐行）

1

(1) あの日の㋐ヒロ子ちゃんのお母さんの話とありますが、どちらのお母さんの話ですか。○をつけましょう。

（○）ヒロ子（ミ子ちゃん）を産んで、原爆で死んだお母さんの話。

（　）ヒロ子（ミ子ちゃん）を育てたお母さんの話。

(2) わたしは、どんなことが㋑心配でしたか。

ヒロ子ちゃんが、わっと［泣き］だしたりしたらどうしようと、心配でした。

2

(1) わたしは、なぜ㋒ほっとしたのですか。○をつけましょう。

（○）ヒロ子ちゃんがわたしの方を見るとにっこり笑ったから。

（　）ヒロ子ちゃんが、わたしの顔を見てわっと泣きだしたから。

(2) ㋓お母さんは、どちらのお母さんですか。○をつけましょう。

（　）ヒロ子（ミ子ちゃん）を育てたお母さん。

（○）ヒロ子（ミ子ちゃん）を産んだお母さん。

35頁

ヒロシマのうた (5)

名前

● 次の文章を二回読んで、答えましょう。

登場人物　わたし・ヒロ子（ミ子ちゃん）を育てたお母さん

1

その日は、わたしも
洋裁学校の一部屋に
とめてもらいました。
わたしが起きると、
ヒロ子ちゃんの㋐お母さんが
出てきて、
「ゆうべ、㋑あの子は
ねないんですよ。」
と言うのです。

2

「やっぱり。」
と、わたしが心配そうに
言うと、
「いいえねえ、
あなたに
㋒作ってたんですよ。
ワイシャツを
見てやってください。」
そう言って、うれしそうに、
紙に包んだワイシャツを、
こっそり見せるのです。

（令和二年度版　東京書籍　新しい国語　六　今西　祐行）

1

(1) ㋐お母さんが出てきて、とありますが、どちらのお母さんですか。○をつけましょう。

（○）ヒロ子（ミ子ちゃん）を育てたお母さん。

（　）ヒロ子（ミ子ちゃん）を産んだお母さん。

(2) ㋑あの子とは、だれのことですか。

［ヒロ子］ちゃん

2

(1) ヒロ子ちゃんは、ねないで、何を㋒作っていましたか。

［ワイシャツ］

(2) ヒロ子ちゃんは、だれのためにワイシャツを作っていましたか。一つに○をつけましょう。

（○）わたしのため。

（　）ヒロ子ちゃんのお母さんのため。

（　）ヒロ子ちゃんのため。

本書の解答は，あくまでもひとつの例です。児童に取り組ませる前に，必ず指導される方が問題を解いてください。指導される方の作られた解答をもとに，児童の多様な考えに寄り添って○つけをお願いします。

36頁

ヒロシマのうた (6)

名前

● 次の文章を二回読んで、答えましょう。

ヒロ子（ミ子）ちゃんは、わたしにワイシャツを作ってくれました。お母さんが、そのワイシャツをこっそり見せてくれました。

1

「ないしょですよ。見せたなんて言ったら、しかられますからね。」
そっと広げてみると、
そのワイシャツのうでに、
小さな、きのこのような
原子雲のかさと、
その下に、S・Iと、
わたしのイニシャル（頭文字）が
水色の糸で
㋐ししゅうしてあるのです。

（令和二年度版 東京書籍 新しい国語 六 今西 祐行）

1

(1) ㋐ワイシャツのうでには、何がししゅうしてありましたか。

小さな、きのこのような原子雲のかさと、その下に、S・Iと、わたしのイニシャル。

(2) 何色の糸で㋐ししゅうしてありましたか。

水色

37頁

ヒロシマのうた (7)

名前

● 次の文章を二回読んで、答えましょう。

ヒロ子（ミ子）ちゃんは、わたしにワイシャツを作ってくれました。

登場人物 わたし・ヒロ子（ミ子ちゃん）を育てたお母さん

1

ⓐ「よかったですね。」
ⓘ「ええ、おかげさまで、もう何もかも安心ですもの……。」
お母さんはそう言って、笑いながらも、㋐そっと目をおさえるのでした。

2

わたしはその日の夜、広島駅で、汽車が出るときに、窓から㋑それを受け取りました。わたしはそれを胸にかかえながら、いつまでも十五年の㋒月日の流れを考え続けていました。汽車はするどい汽笛を鳴らして、上りにかかっていました。

（令和二年度版 東京書籍 新しい国語 六 今西 祐行）

1

(1) ⓐとⓘの言葉はだれが言った言葉ですか。次の（ ）にⓐかⓘの記号を書きましょう。

（ⓐ）わたし
（ⓘ）ヒロ子ちゃんのお母さん

(2) 笑いながらも㋐そっと目をおさえたのは、だれですか。○をつけましょう。

（ ）わたし
（○）ヒロ子（ミ子ちゃん）を育てたお母さん
（ ）ヒロ子

2

(1) 私が汽車の窓から受け取った㋑それとは、何ですか。

ワイシャツ

(2) ㋒月日の流れとありますが、どんなことを言っていますか。○をつけましょう。

（○）お母さんがヒロ子ちゃんを育てた年月。
（ ）ヒロ子ちゃんがわたしにワイシャツを作ってくれた年月。

38頁

君たちに伝えたいこと (1)

名前

● 次の文章を二回読んで、答えましょう。

1

㋐ほかの人のために自分の時間を使うということは、自分の時間がうばわれて損をすることではないのです。それどころか、ほかのことでは味わえない特別な喜びで㋑心がいっぱいに満たされるのです。こんなに大きなお返しをもらえることなんて、めったにありません。

2

私が自分の時間をほかの人のために使うことに努力している理由が、これで君にも分かったでしょう。だから、私は君にも、ぜひ㋒そうしてみることをおすすめします。

（令和二年度版 東京書籍 新しい国語 六 日野原 重明）

1

(1) ㋐ほかの人のために自分の時間を使うということについて、上の文章に書いてあることに○をつけましょう。

（ ）自分の時間がうばわれて、損をすることである。
（○）自分の時間がうばわれて、損をすることではない。

(2) ほかの人のために時間を使うということは、心が何で㋑満たされると書いてありますか。

ほかのことでは味わえない特別な喜びで心がいっぱいに満たされるのです。

2

(1) ㋒そうしてみるとは、どうしてみることですか。○をつけましょう。

（ ）自分の時間を、自分だけのために使うこと。
（○）自分の時間を、ほかの人のために使うこと。

39頁

君たちに伝えたいこと (2)

名前

● 次の文章を二回読んで、答えましょう。

1

さて、㋐ここまで私は、寿命という時間の使い方についてお話ししてきました。時間というものは、ただの入れ物にすぎないのであって、そこに君が命を注いで時間を生かすことがだいじだ、という話をしましたね。そして、㋑自分のためだけでなく、ほかの人のために時間を使えるようであってほしいとお話ししました。

2

でも、長い人生においては自分の思うとおりにはいかないことも㋒たくさん出てきます。君が自分で選び取ったわけでもないのに、つらくて悲しいことにも出会わなければならない日が、㋓この先にはあるかもしれません。そんなときには、いつもの君のように前向きに物事を考えたり、かっこよく過ごしたりなんて、とてもできなくなりますね。悲しいときの自分なんて消してしまいたいと思うことさえあるかもしれません。

（令和二年度版 東京書籍 新しい国語 六 日野原 重明）

1

(1) ㋐ここまで私は、何についてお話ししてきましたか。

寿命という時間の使い方。

(2) ㋑自分のためだけでなく、だれのために時間を使えるようであってほしいとお話ししましたか。

ほかの人のため。

2

(1) ㋒たくさん出てきますとありますが、長い人生においてはどんなことも出てきますか。

自分の思うとおりにはいかないこと。

(2) ㋓この先には、どんな日があるかもしれないのですか。

つらくて悲しいことにも出会わなければならない日。

40頁

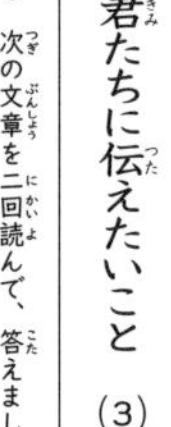

君たちに伝えたいこと (3)

名前

● 次の文章を二回読んで、答えましょう。

1

でも、そんなときにも、
忘れないでいてほしいことが
あります。
うれしいときだけが
「君」ではありませんよ。
笑っているときの君だけが
「君」ではありませんね。
悲しいときの君も、はずかしくて
消えてなくなりたいと思うときの
㋐君も「君」なのです。

2

だから、つらいときや
悲しいときの自分も
㋑大切にしなければなりません。
成功して喜びでいっぱいになって
いるときの君も、失敗して
なみだを流す君も、「君」です。
どんなときの自分も
だいじにすること、
自分のことをいつも
大好きだと思っていること、
㋒これはとても大切なことです。
だから、決して
忘れないでいてください。

（令和二年度版　東京書籍　新しい国語　六　日野原　重明）

1 (1) ㋐君も「君」なのです。とありますが、どんな「君」のことを言っていますか。

悲しいときの君も、はずかしくて消えてなくなりたいと思うときの君も「君」なのです。

2 (1) ㋑どんなときの自分も大切にしなければなりませんか。

つらいときや悲しいときの自分も大切にしなければなりません。

(2) ㋒とても大切なこととは、どんなことですか。

どんなときの自分もだいじにすること、自分のことをいつも大好きだと思っていること。

41頁

君たちに伝えたいこと (4)

名前

● 次の文章を二回読んで、答えましょう。

君が生まれてきて、
今ここに、こうして同じときを
生きていけるということは、
とてもうれしいことであり、
㋐一つの奇跡のように
すばらしいことなのです。
今、私が君にこうして
㋑語りかけることができるのも、
君がそこにいて、
私がここにいるからでしょう。
それは本当に
すてきなことなのです。

（令和二年度版　東京書籍　新しい国語　六　日野原　重明）

(1) ㋐一つの奇跡のようにすばらしいことは、どんなことですか。

君が生まれてきて、今ここに、こうして同じときを生きていけるということ。

(2) 今、私が君にこうして㋑語りかけることができるのは、なぜですか。

君がそこにいて、私がここにいるからでしょう。

42頁

春に (1)

名前

● 次の詩は「春に」という詩の前半部分です。二回音読して、答えましょう。

春に　　谷川　俊太郎

この気もちはなんだろう
目に見えないエネルギーの流れが
大地からあしのうらを伝わって
ぼくの腹へ胸へそうしてのどへ
声にならないさけびとなってこみあげる
この気もちはなんだろう
枝の先のふくらんだ新芽が心をつつく
よろこびだ　しかしかなしみでもある
いらだちだ　しかもやすらぎがある
あこがれだ　そしていかりがかくれている

（令和二年度版　東京書籍　新しい国語　六　谷川　俊太郎）

(1) 上の詩に二回出てくる一文を書き出しましょう。

この気もちはなんだろう

(2) 目に見えないエネルギーの流れが、何となってこみあげるのですか。

声にならないさけびとなってこみあげる

(3) この詩には「よろこびだ　しかしかなしみでもある。」のように、対になる言葉が書かれた文があります。二つ書き出しましょう。

いらだちだ　しかもやすらぎがある

あこがれだ　そしていかりがかくれている

43頁

春に (2)

名前

● 次の詩は「春に」という詩の後半部分です。二回音読して、答えましょう。

心のダムにせきとめられ
よどみ渦まきせめぎあい
いまあふれようとする
㋐この気もちはなんだろう
あの空のあの青に手をひたしたい
まだ会ったことのないすべての人と
会ってみたい話してみたい
あしたとあさってが一度にくるといい
ぼくはもどかしい
地平線のかなたへと歩きつづけたい
そのくせこの草の上でじっとしていたい
大声でだれかを呼びたい
そのくせひとりで黙っていたい
この気もちはなんだろう

（令和二年度版　東京書籍　新しい国語　六　谷川　俊太郎）

(1) ㋐この気もちはどんな気もちですか。□に言葉を書きましょう。

心のダムにせきとめられ よどみ渦まきせめぎあい いまあふれようとする この気もち

(2) 次の文に続く「そのくせ」という言葉で始まる文を書きましょう。

① 地平線のかなたへと歩きつづけたい

そのくせ　この草の上でじっとしていたい

② 大声でだれかを呼びたい

そのくせ　ひとりで黙っていたい

解答例

本書の解答は，あくまでもひとつの例です。児童に取り組ませる前に，必ず指導される方が問題を解いてください。指導される方の作られた解答をもとに，児童の多様な考えに寄り添って○つけをお願いします。

44頁

ぼくの世界、君の世界 (1)

名前

● 次の文章を二回読んで、答えましょう。

1
ぼくが、小学校の四年生か、五年生だったころのことだ。
ふろからあがって、しばらくぼんやりしながら、天井からぶら下がっているうす暗い㋐電球を見ていた時、ふと、こんな考えがうかんだ。

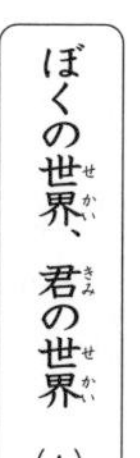

2
――この電球は、丸くて、うす暗くて、だいだい色をしている。でもこれは、㋑ぼくだけにそう見えているんじゃないか。ひょっとしたら、自分以外の人には、㋒全然ちがったふうに見えているのかもしれない。

（令和二年度版　教育出版　ひろがる言葉　小学国語　六下　西研）

1
(1) いつのころのことですか。
ぼくが、[小学校]の[四年生]か、[五年生]だったころ。

(2) どんな様子の㋐電球ですか。□に言葉を書きましょう。
[天井]からぶら下がっている[うす暗い]電球。

2
(1) ㋑ぼくに見えている電球は、どんな電球ですか。
この電球は[丸]くて、[うす暗]くて、[だいだい色]をしている。

(2) だれには、㋒全然ちがったふうに見えているのかもしれないのですか。
[自分以外の人]

45頁

ぼくの世界、君の世界 (2)

名前

● 次の文章を二回読んで、答えましょう。

もちろん、他の人にどう見えているかを、具体的に想像してみたわけではない。
「㋐、自分に見えているものは、あくまでも、自分にそう見えているだけなのだ。他の人にも同じように見えている保証はどこにもない。」
㋑そういう思いが、不意にわいてきたのである。その時、なんともいえず不思議で、心細い感じがしたことを、㋒今でもはっきり覚えている。

(1) ㋐には、次のどの言葉が入りますか。一つに○をつけましょう。
( ) または
(○) ただ
( ) それとも

(2) ㋑そういう思いとは、どんな思いですか。あてはまるものに○をつけましょう。
(○) 自分に見えているものは、他の人にも同じように見えているという保証はどこにもないという思い。
( ) 自分に見えてるものは、他の人にも同じように見えているのだという思い。

(3) ㋒今でもはっきり覚えているのは、どんな感じがしたことですか。
その時、なんともいえず[不思議]で、[心細い]感じがしたこと。

46頁

ぼくの世界、君の世界 (3)

名前

● 次の文章を二回読んで、答えましょう。

1
㋐この体験は、ずいぶんあとになるまで、だれにも話さなかった。人に話すほどの意味があるとは、思えなかったからだ。

2
だが、大人になってこの話をしてみたら、同じような体験があるという人が、かなりたくさんいるとわかっておどろいた。
㋑、哲学を研究する人たちの世界では、昔から大真面目に㋒議論されてきた問題だったのである。

（令和二年度版　教育出版　ひろがる言葉　小学国語　六下　西研）

1
(1) ㋐この体験について、あてはまるものに○をつけましょう。
( ) 体験したことを、ずっとだれにも一度も話すことはなかった。
(○) 体験したことを、ずいぶんあとになってから話した。

(2) この体験を、ずいぶんあとになるまで話さなかったのはなぜですか。
人に[話す]ほどの[意味]があるとは、思えなかったから。

2
(1) ㋑にはどんな言葉が入りますか。一つに○をつけましょう。
( ) しかし
( ) だから
(○) それどころか

(2) この問題は昔から、どんな人たちの世界で㋒議論されてきたのですか。
[哲学]を[研究]する人たちの世界。

47頁

ぼくの世界、君の世界 (4)

名前

● 次の文章を二回読んで、答えましょう。

1
例えば、あまみや痛みのような感覚は、全ての人に共通しているといえるか、という問題がある。

2
君と友達が、同じチョコレートを食べるとする。㋐チョコレートを口に入れると、君は独特の香りとあまみ、そして苦みを感じる。
君が、「あまいね。」と言うと、友達も「うん、あまいね。」と言って、にっこりする。
でも、君の感じているあまみと、友達が感じているあまみが㋑同じだ、と言いきれるだろうか。

（令和二年度版　教育出版　ひろがる言葉　小学国語　六下　西研）

1
(1) 例えとして、どのような感覚が書かれていますか。
[あまみ]や[痛み]のような感覚。

2
(1) ㋐チョコレートを口に入れると感じること、三つに○をつけましょう。
(○) 独特の香り
( ) からさ
(○) 苦み
( ) すっぱさ
(○) あまみ

(2) ㋑同じだ、と言いきれるだろうか。とありますが、何と何について書いていますか。
[君]の感じているあまみと、[友達]が感じているあまみ。

48頁　ぼくの世界、君の世界 (5)

名前

● 次の文章を二回読んで、答えましょう。

1

まず、君よりも友達のほうがずっとあまく感じているかもしれない、というようなことが㋐考えられる。

つまり、あまみの「程度」が㋑ずいぶんちがっているかもしれない、ということだ。

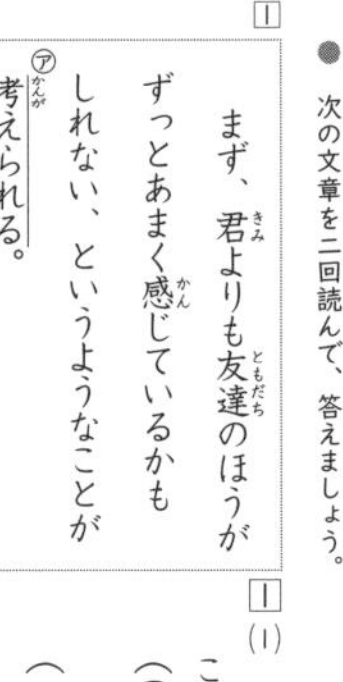

2

また、㋒もっと極端なことも想像できる。

実は、それぞれが、全くちがった感覚を口の中に感じていて、ただ「あまい」という言葉だけが共通している、ということも考えられるのである。

(令和二年度版　教育出版　ひろがる言葉　小学国語　六下　西研)

1 (1) まず、㋐考えられるのは、どのようなことですか。○をつけましょう。

(○) 君よりも友達のほうがずっとあまく感じている。
( ) 友達より君のほうがずっとあまく感じている。

(2) ㋑ずいぶんちがっているかもしれないのは、何についてですか。

あまみの「程度」

2 (1) 想像できる㋒もっと極端なこととは、どのようなことですか。□に言葉を書きましょう。

それぞれが全く **ちがった** 感覚を **口の中** に感じていて、ただ「あまい」という **言葉** だけが **共通** している。

49頁　伊能忠敬 (1)

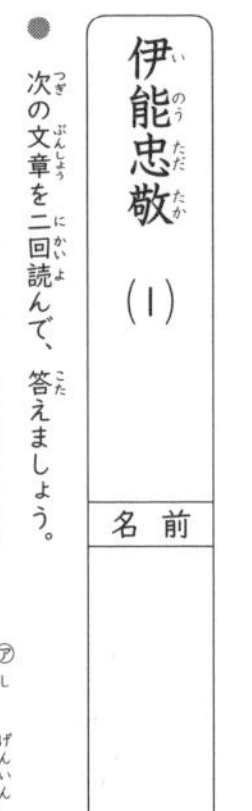

名前

● 次の文章を二回読んで、答えましょう。

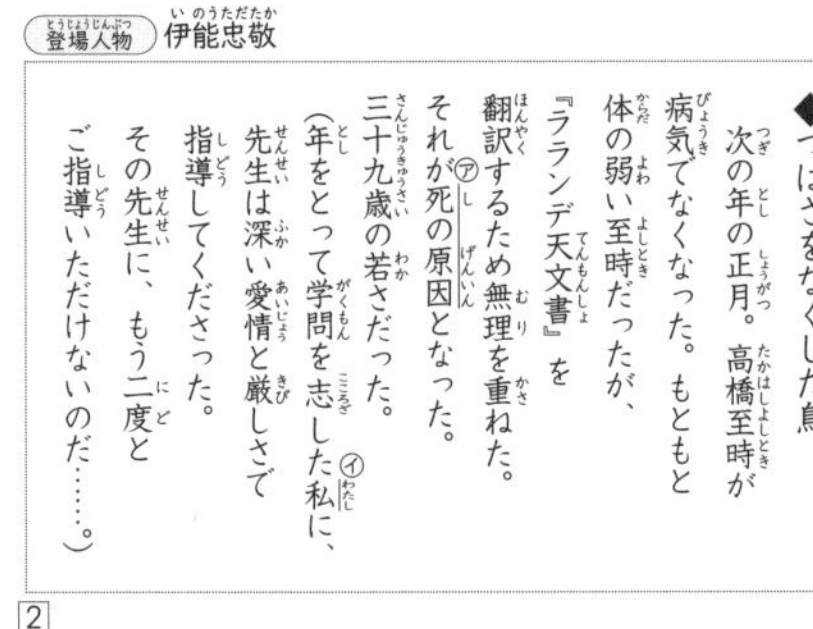

1　登場人物　伊能忠敬

◆つばさをなくした鳥

次の年の正月。高橋至時が病気でなくなった。もともと体の弱い至時だったが、『ランデ天文書』を翻訳するため無理を重ねた。それが㋐死の原因となった。

三十九歳の若さだった。

(年をとって学問を志した㋑私に、先生は深い愛情と厳しさで指導してくださった。

その先生に、もう二度とご指導いただけないのだ……。)

2

自分を支えていた㋒柱を失い、忠敬は悲嘆にくれた。

しかし悲しんでばかりはいられない。(先生は、測量や地図を作るという㋓すばらしい仕事をあたえてくださった。なんとしても、やりとげるのだ。)

1 (1) ㋐死の原因に○をつけましょう。

(○) 『ランデ天文書』を翻訳するため無理を重ねた。
( ) 年をとって学問を志した。

(2) ㋑私とはだれですか。○をつけましょう。

(○) 伊能忠敬
( ) 高橋至時

2 (1) 忠敬を支えていた㋒柱とは、だれのことですか。

高橋至時

(2) ㋓すばらしい仕事とは、どんな仕事ですか。

測量 や **地図** を作る仕事。

50頁　伊能忠敬 (2)

名前

● 次の文章を二回読んで、答えましょう。

1

㋐四年間の測量記録をもとに、忠敬は「日本東半部沿海地図」を作り上げた。

文化元(一八〇四)年八月、大図・中図・小図・計七十三枚の㋑地図をつなぎ合わせ、江戸城の大広間に広げた。

たたみ三百枚分の巨大な地図となった。

「おおっ、みごとなできばえだ。」

「なんと細かく、美しくえがかれていることよ。」

2

その地図の精密さ、雄大さ、美しさに、幕府の役人たちは㋒思わず声をあげた。

翌月には将軍家斉もやってきて、その地図をえつらんした。

すばらしい地図を作った功績で、忠敬は幕臣となる。

そして、㋓西日本の地図も作るように命じられた。

(令和二年度版　教育出版　ひろがる言葉　小学国語　六下　国松　俊英)

1 (1) 忠敬は何年間の㋐測量記録をもとに地図を作り上げましたか。

四年間

(2) 何枚の㋑地図をつなぎ合わせましたか。○をつけましょう。

( ) 一八〇四枚
(○) 七十三枚
( ) 三百枚

2 (1) 幕府の役人たちは何に㋒思わず声をあげたのでしょう。

その地図の **精密さ**、**雄大さ**、**美しさ** に、思わず声をあげた。

(2) 忠敬は次に、何を作るように命じられたのですか。

西日本 の地図。

51頁　伊能忠敬 (3)

名前

● 次の文章を二回読んで、答えましょう。

1

文化二(一八〇五)年二月、六十歳の忠敬は、西日本の測量を目ざして㋐出発した。

この第五次の旅から、伊能測量隊は幕府の天文方からも㋑下役が派遣され、倍以上の人数となった。

2

中国地方に入ってから、忠敬は熱病にかかって㋒苦しんだ。

その間に、隊員が勝手なふるまいをし、内弟子と天文方の下役が言い争いをした。

忠敬はなやんだ末、言い争いをした内弟子の平山郡蔵らを、破門することにした。

郡蔵は第二次測量から苦労をともにしてきた仲間で、とても信頼をしていた隊員だった。

㋓このことは忠敬の心に傷となって残った。

(令和二年度版　教育出版　ひろがる言葉　小学国語　六下　国松　俊英)

1 (1) 西日本の測量に㋐出発したのは、忠敬が何歳のときですか。

六十 歳

(2) 天文方から㋑下役が派遣され、測量隊の人数は、どうなりましたか。

倍以上 の人数となった。

2 (1) 忠敬は、何に㋒苦しんだのですか。文中から書き出しましょう。

熱病 にかかって苦しんだ。

(2) ㋓このこととは、何のことですか。

言い争い をした内弟子の平山郡蔵らを、**破門** することにしたこと。

解答例

本書の解答は，あくまでもひとつの例です。児童に取り組ませる前に，必ず指導される方が問題を解いてください。指導される方の作られた解答をもとに，児童の多様な考えに寄り添って○つけをお願いします。

52頁

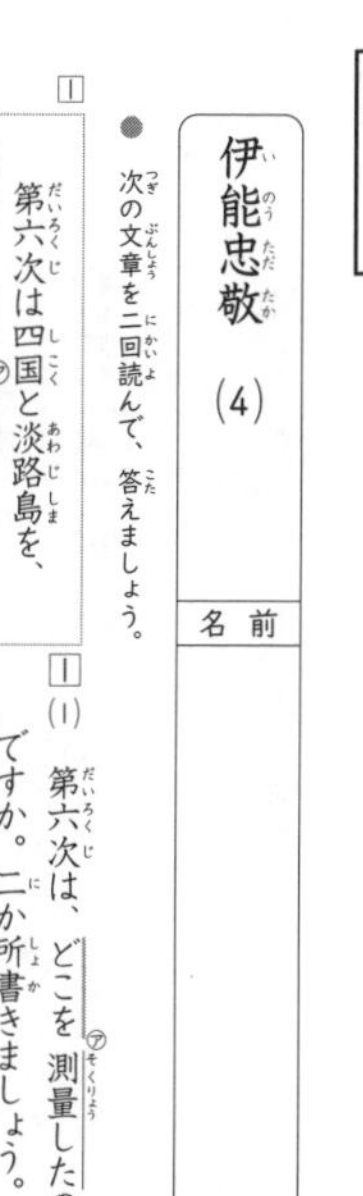

伊能忠敬 (4)

● 次の文章を二回読んで、答えましょう。

名前

1 第六次は四国と淡路島を、第七次は九州を㋐測量した。まもなく、間宮林蔵が忠敬の家を訪ねてきた。そして、天体観測と測量の方法について指導をしてほしいと㋑たのんだ。林蔵は忠敬の家にねとまりをして、熱心に学んだ。

2 林蔵は、終わっていない蝦夷地の測量を㋒引き受けると言ってくれた。

㋓「蝦夷地の測量を、よろしくおたのみ申す。」

林蔵にこう言い、忠敬は第八次の旅に出発していった。翌月、林蔵も蝦夷地に向かって旅立った。

（令和二年度版　教育出版　ひろがる言葉　小学国語　六下　国松　俊英）

1 (1) 第六次は、どこを㋐測量したのですか。二か所書きましょう。

・四国
・淡路島

(2) 間宮林蔵は、何を㋑たのんだのですか。

天体観測と測量の方法について指導をしてほしいとたのんだ。

2 (1) 林蔵はどこの測量を㋒引き受けると言ってくれましたか。○をつけましょう。

（　）四国と淡路島
（　）九州
（○）蝦夷地

(2) ㋓の言葉は、だれが言った言葉ですか。

忠敬

53頁

伊能忠敬 (5)

● 次の文章を二回読んで、答えましょう。

名前

1 第八次、九州測量の旅で㋐力を入れたのは、屋久島と種子島だった。二つの島を終えてから、壱岐、対馬、五島列島といった島々を㋑測量した。

2 五島では㋒悲しいできごとが起きた。副隊長格の坂部貞兵衛が、測量の途中、病気のためになくなったのだ。坂部は、忠敬がとても信頼しており、よく働いてくれた㋓人物だ。チフスにかかり、福江島の宿で忠敬にみとられて息をひきとった。

（令和二年度版　教育出版　ひろがる言葉　小学国語　六下　国松　俊英）

1 (1) 九州測量の旅で㋐力を入れたのは、どこですか。二か所書きましょう。

・屋久島
・種子島

(2) 第八次の測量で、二つの島を終えた後、どこを㋑測量しましたか。

壱岐、対馬、五島列島といった島々。

2 (1) ㋒悲しいできごととは、何ですか。

坂部貞兵衛が、測量の途中、病気のためになくなった。

(2) 坂部貞兵衛は、どんな㋓人物でしたか。

坂部は、忠敬がとても信頼しており、よく働いてくれた人物。

54頁

伊能忠敬 (6)

● 次の文章を二回読んで、答えましょう。

名前

1 ――坂部は、最もたよりにしていた者です。鳥が㋐つばさをなくしたのも同じで、大いに力を落とし、㋑なげき悲しんでいます。――

忠敬は、長男 景敬への手紙にこう書いた。

2 ㋒坂部の死により心に穴があいたようで、何日も口をきくことができなかった。ところが㋓手紙を出した景敬は、これより一か月前になくなっていた。旅の途中だと知って、家族はわざと知らせなかったのだ。

（令和二年度版　教育出版　ひろがる言葉　小学国語　六下　国松　俊英）

1 (1) 坂部が病気でなくなったことは、何も同じだと言っていますか。

鳥がつばさをなくしたのも同じ。

(2) だれが㋑なげき悲しんでいるのですか。○をつけましょう。

（　）坂部　（○）忠敬　（　）景敬

2 (1) ㋒坂部の死により忠敬は、どのような様子になりましたか。

心に穴があいたようで、何日も口をきくことができなかった。

(2) 忠敬が長男 景敬へ㋓手紙を出したとき、景敬はどんな様子でしたか。

景敬は、一か月前になくなっていた。

55頁

伊能忠敬 (7)

● 次の文章を二回読んで、答えましょう。

名前

1 信頼していた部下を失い、長男の死も知らずに㋐測量の旅を続けた。忠敬の気持ちは弱り、体は急におとろえていくようだった。

2 第九次、伊豆七島の測量、第十次、江戸府内の㋑測量で、忠敬の十七年にわたる㋒測量の旅は終わった。文化十三（一八一六）年のことである。

（令和二年度版　教育出版　ひろがる言葉　小学国語　六下　国松　俊英）

1 (1) 忠敬は、どんな様子で㋐測量の旅を続けたのですか。□にあてはまる言葉を書きましょう。

信頼していた部下を失い、長男の死も知らず、忠敬の気持ちは弱り、体は急におとろえていくようだった。

2 (1) 最後は、どこの㋑測量をしましたか。

江戸府内

(2) 忠敬の㋒測量の旅は、何年にわたりましたか。

十七年

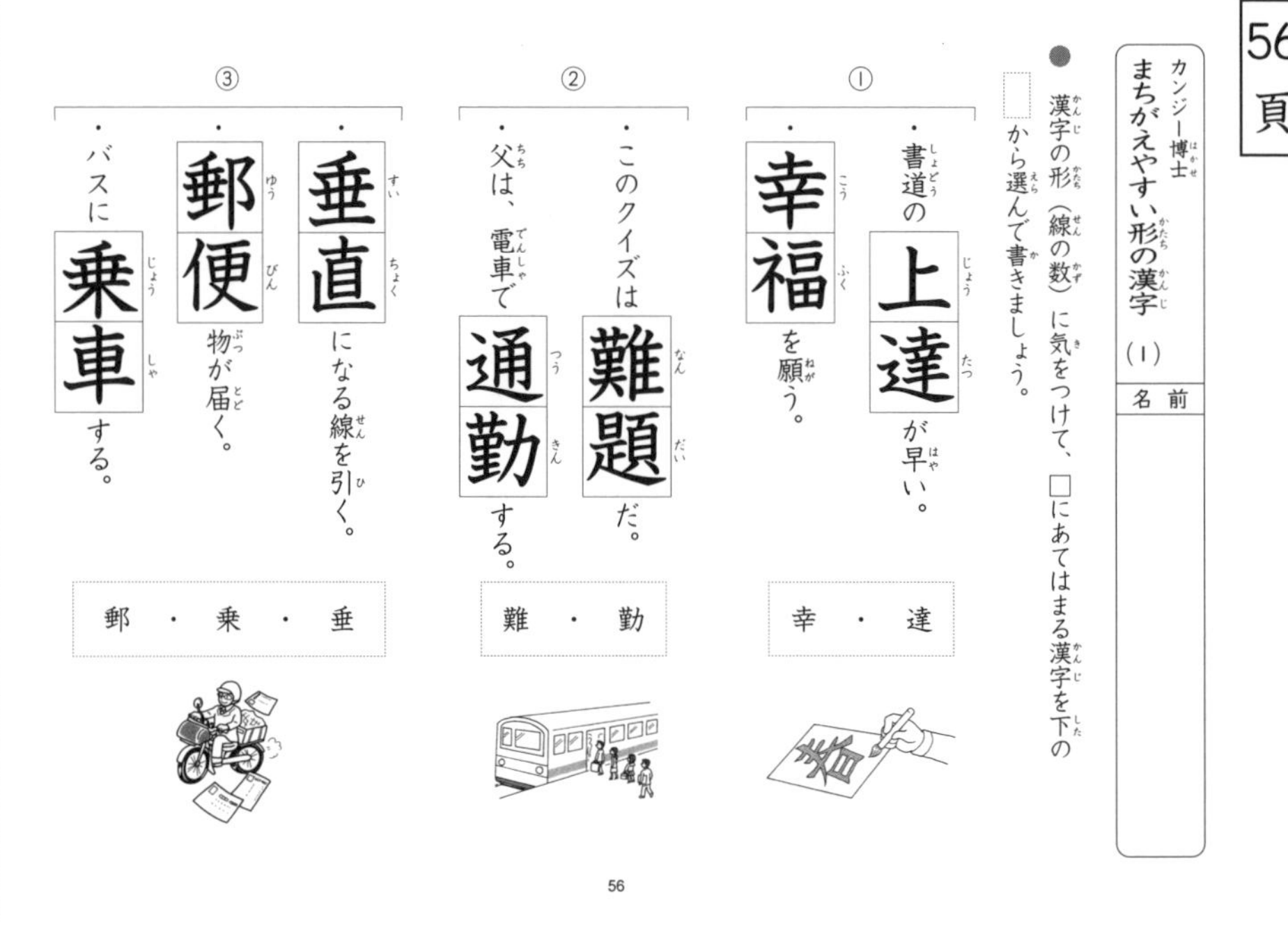

56頁

カンジー博士 まちがえやすい形の漢字 (1)

名前

● 漢字の形（線の数）に気をつけて、□にあてはまる漢字を下の□から選んで書きましょう。

①
・書道の上達が早い。
・幸福を願う。

幸・達

②
・このクイズは難題だ。
・父は、電車で通勤する。

難・勤

③
・垂直になる線を引く。
・郵便物が届く。
・バスに乗車する。

郵・乗・垂

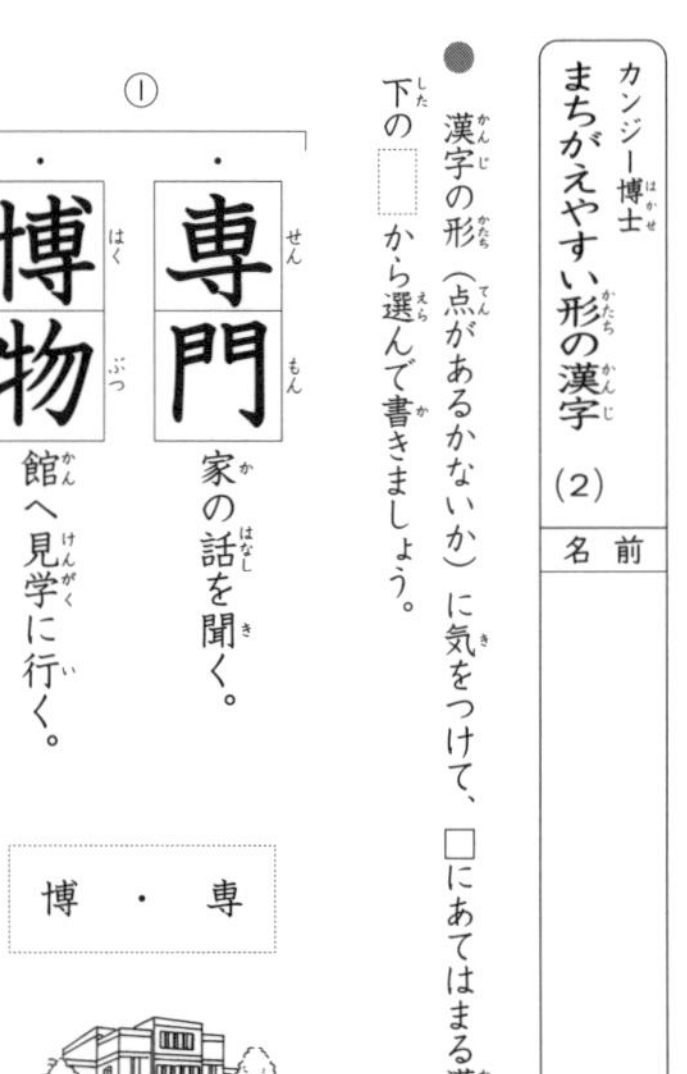

57頁

カンジー博士 まちがえやすい形の漢字 (2)

名前

● 漢字の形（点があるかないか）に気をつけて、□にあてはまる漢字を下の□から選んで書きましょう。

①
・専門家の話を聞く。
・博物館へ見学に行く。

博・専

②
・今から会議が始まる。
・兄は正義感が強い。

議・義

③
・地域をパトロールする。
・町の人口は、減少した。

域・減

58頁

カンジー博士 まちがえやすい形の漢字 (3)

名前

● 漢字の形（つき出すかつき出さないか）に気をつけて、□にあてはまる漢字を下の□から選んで書きましょう。

①
・リコーダーの演奏を聞く。
・鉄棒で前回りをする。

棒・奏・鉄

②
・矢印の通りに進む。
・失敗は成功のもと。

矢・失

③
・半日歩き続けた。
・羊毛のセーターを着る。

羊・半

59頁

カンジー博士 まちがえやすい形の漢字 (4)

名前

● 漢字の形（見慣れない形）に気をつけて、□にあてはまる漢字を下の□から選んで書きましょう。

①
・一月二日に初売りのセールがある。
・費用を補助する。

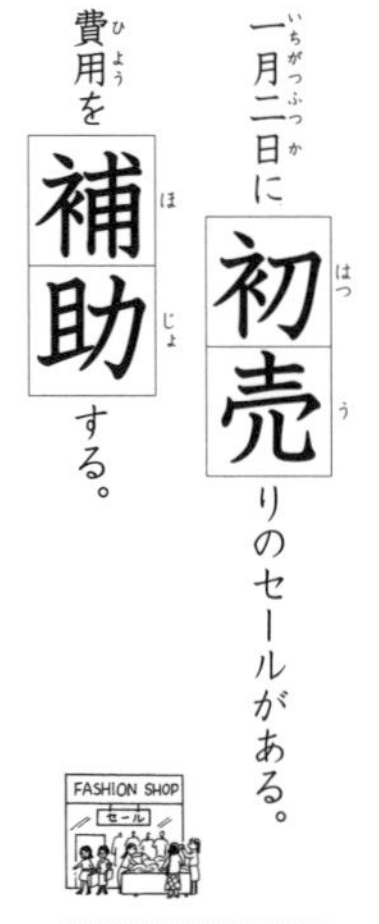

初・補

②
・高い山脈が連なる。
・土地を耕作する。

耕・脈

③
・その商品は在庫が切れた。
・お寺で住職による講話を聞く。

在・講

本書の解答は，あくまでもひとつの例です。児童に取り組ませる前に，必ず指導される方が問題を解いてください。指導される方の作られた解答をもとに，児童の多様な考えに寄り添って〇つけをお願いします。

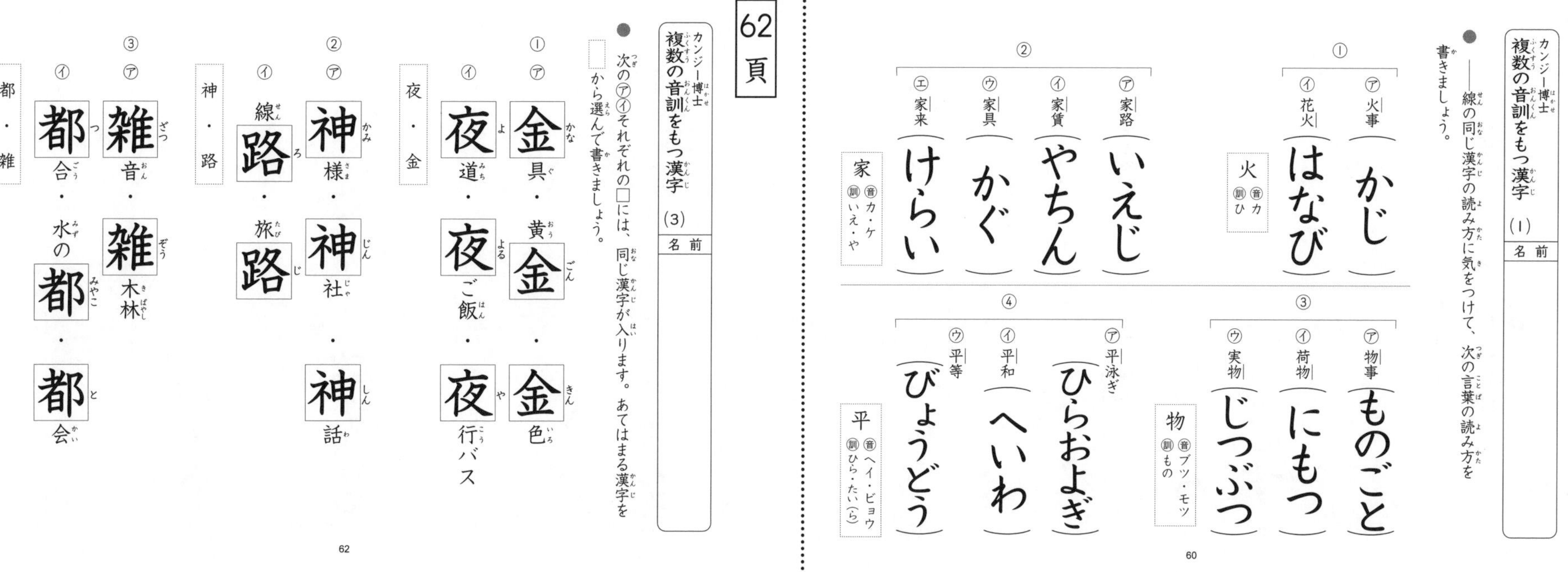

60頁

カンジー博士 複数の音訓をもつ漢字 (1) 名前

● ——線の同じ漢字の読み方に気をつけて、次の言葉の読み方を書きましょう。

① ㋐火事（かじ） ㋑花火（はなび）
火 音カ 訓ひ

② ㋐家路（いえじ） ㋑家賃（やちん） ㋒家具（かぐ） ㋓家来（けらい）
家 音カ・ケ 訓いえ・や

③ ㋐物事（ものごと） ㋑荷物（にもつ） ㋒実物（じつぶつ）
物 音ブツ・モツ 訓もの

④ ㋐平泳ぎ（ひらおよぎ） ㋑平和（へいわ） ㋒平等（びょうどう）
平 音ヘイ・ビョウ 訓ひら・たい(ら)

60

62頁

カンジー博士 複数の音訓をもつ漢字 (3) 名前

● 次の㋐㋑それぞれの□には、同じ漢字が入ります。あてはまる漢字を□から選んで書きましょう。

① ㋐ 金具・黄金・金色 ㋑ 夜道・夜ご飯・夜行バス
夜・金

② ㋐ 神様・神社・神話 ㋑ 線路・旅路
神・路

③ ㋐ 雑音・雑木林 ㋑ 都合・水の都・都会
都・雑

62

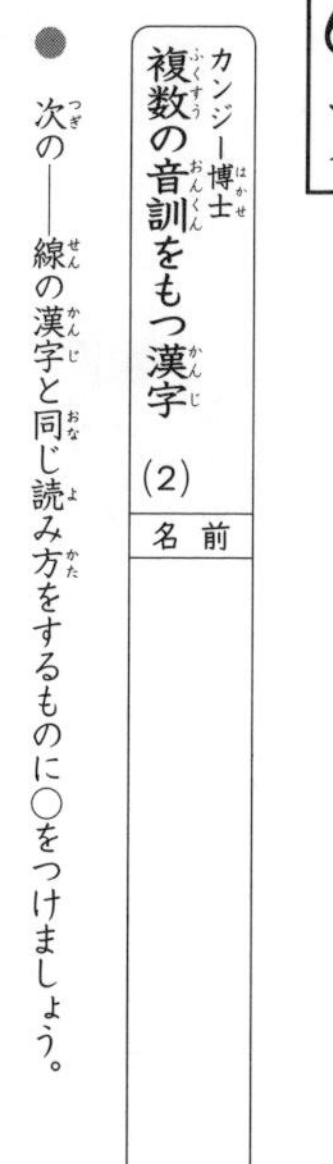

61頁

カンジー博士 複数の音訓をもつ漢字 (2) 名前

● 次の——線の漢字と同じ読み方をするものに〇をつけましょう。

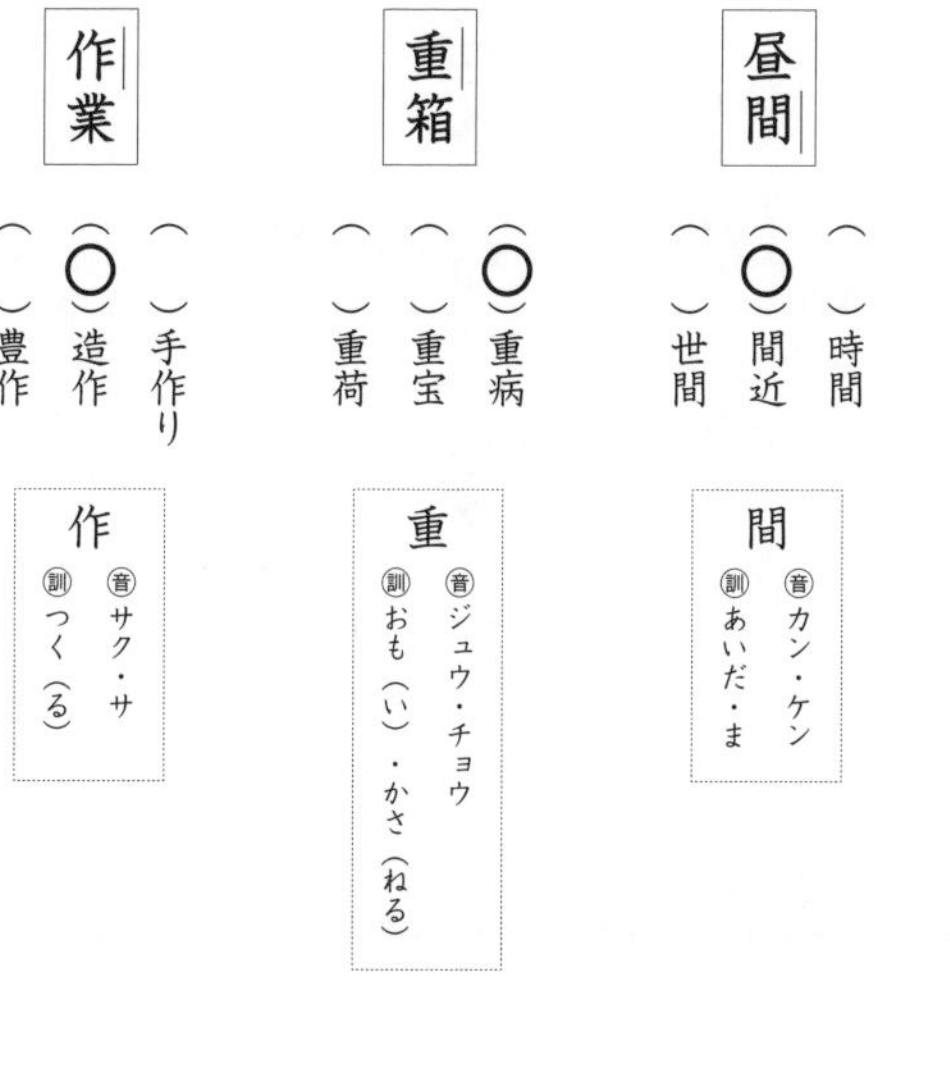

① 行列 （ ）孝行 （ ）行進 （〇）修行
行 音コウ・ギョウ 訓い(く)・ゆ(く)・おこな(う)

② 昼間 （ ）時間 （〇）間近 （ ）世間
間 音カン・ケン 訓あいだ・ま

③ 重箱 （〇）重病 （ ）重宝 （ ）重荷
重 音ジュウ・チョウ 訓おも(い)・かさ(ねる)

④ 作業 （ ）手作り （〇）造作 （ ）豊作
作 音サク・サ 訓つく(る)

61

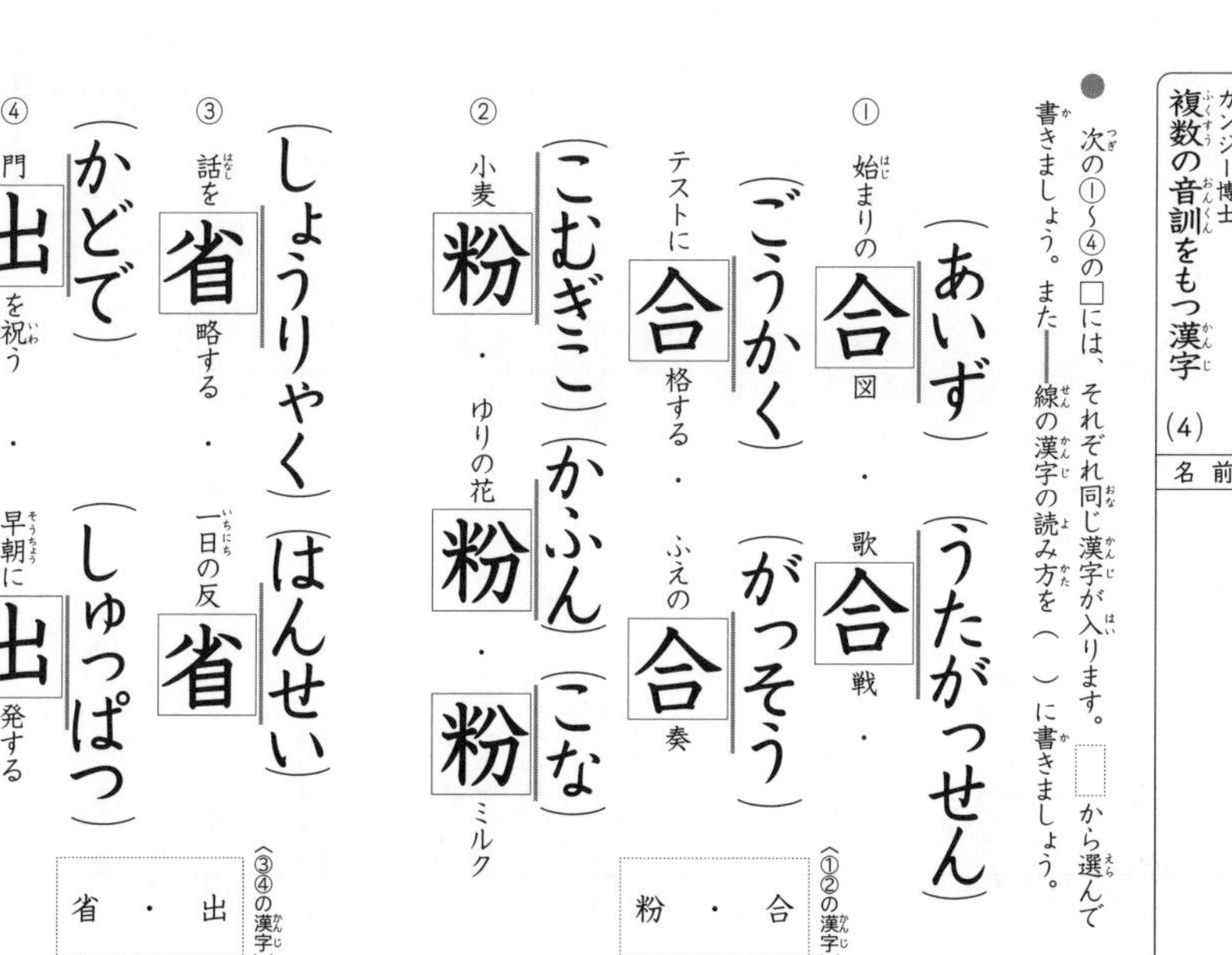

63頁

カンジー博士 複数の音訓をもつ漢字 (4) 名前

● 次の①〜④の□には、それぞれ同じ漢字が入ります。□から選んで書きましょう。また——線の漢字の読み方を（ ）に書きましょう。

① 始まりの合図（あいず）・歌合戦（うたがっせん）
テストに合格する（ごうかく）・ふえの合奏（がっそう）

② 小麦粉（こむぎこ）・ゆりの花粉（かふん）・粉（こな）ミルク

〈①②の漢字〉 粉・合

③ 話を省略する（しょうりゃく）・一日の反省（はんせい）

④ 門出（かどで）を祝う・早朝に出発する（しゅっぱつ）

〈③④の漢字〉 省・出

63

64頁

カンジー博士 送り仮名 (1)　名前

(1) 文中の――線の言葉を、漢字と送り仮名で書きましょう。

① 食べ過ぎて体重がふえる。　（増える）

② こころよい風が吹く。　（快い）

③ まちがいがないかたしかめる。　（確かめる）

(2) 文中の――線の漢字の送り仮名で、正しい方に○をつけましょう。また、□に読み仮名を書きましょう。

① 失敗の原因を　（○）明らかにする。（　）明かにする。　あきらか

② 毎日のマラソンを　（○）試みる。（　）試る。　こころみる

③ その問題は　（　）難かしい。（○）難しい。　むずかしい

65頁

カンジー博士 送り仮名 (2)　名前

(1) 文中の――線の言葉を、漢字と送り仮名で書きましょう。

① 畑の土をたがやす。　（耕す）

② 雨のいきおいが増す。　（勢い）

③ 川の流れにさからう。　（逆らう）

(2) 文中の――線の漢字の送り仮名で、正しい方に○をつけましょう。また、□に読み仮名を書きましょう。

① 来客を式場に　（○）導く。（　）導びく。　みちびく

② 次は　（　）必らず（○）必ず　出席します。　かならず

③ 手をたたいて　（○）喜ぶ。（　）喜こぶ。　よろこぶ

66頁

カンジー博士 送り仮名 (3)　名前

(1) 文中の――線の部分の送り仮名がまちがっています。（　）に漢字を正しい送り仮名で書き直しましょう。

① そのひもは、短かい。　（短い）

② 細い作業をする。　（細かい）

③ 左に曲る。　（曲がる）

④ さいふを落す。　（落とす）

(2) 文中の――線の漢字の送り仮名で、正しい方に○をつけましょう。また、□に読み仮名を書きましょう。

① 友と　（○）交わる。（　）交る。　まじわる

② 日が　（○）当たる。（　）当る。　あたる

③ 正しく　（　）行なう。（○）行う。　おこなう

67頁

カンジー博士 送り仮名 (4)　名前

● 文中の――線の言葉を□から漢字を選んで、（　）に漢字と送り仮名で書きましょう。

① あたたかい日差しを あびる。　（暖かい）（浴びる）

② ふたたびその家を おとずれる。　（再び）（訪れる）

暖・再・浴・訪

③ おさない子どもが あらわれる。　（幼い）（現れる）

④ 本物かどうかうたがって たしかめる。　（疑って）（確かめる）

確・幼・現・疑

本書の解答は，あくまでもひとつの例です。児童に取り組ませる前に，必ず指導される方が問題を解いてください。指導される方の作られた解答をもとに，児童の多様な考えに寄り添って○つけをお願いします。

68頁

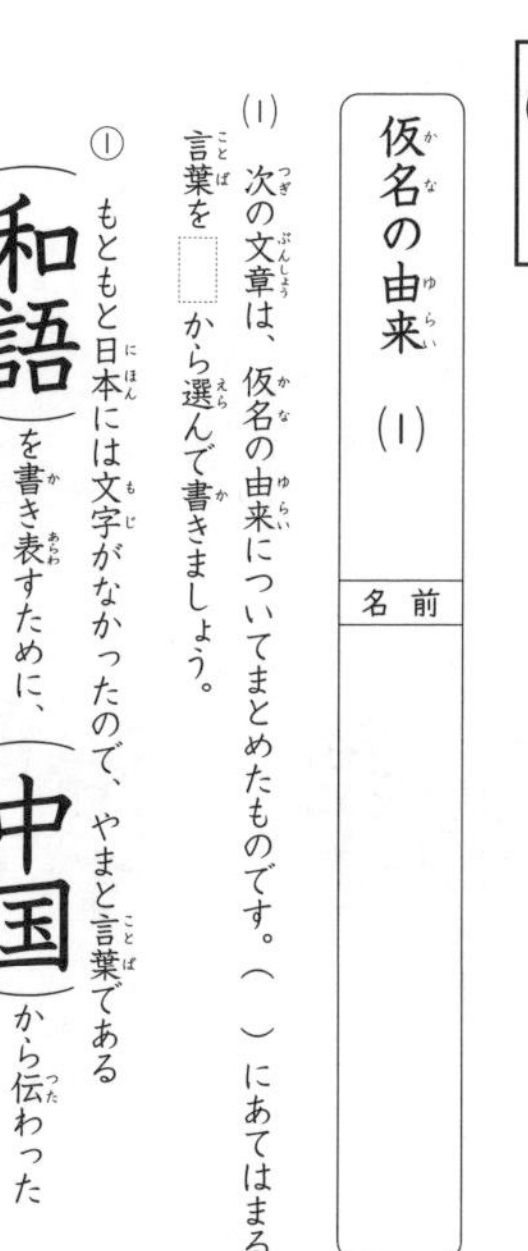

仮名の由来（1）

名前

(1) 次の文章は、仮名の由来についてまとめたものです。（　）にあてはまる言葉を□から選んで書きましょう。

① もともと日本には文字がなかったので、やまと言葉である（和語）を書き表すために、（中国）から伝わった（漢字）を利用する方法が考えられました。

・漢字　・和語　・中国

② 漢字は、一字一字が音や形や（意味）をもっています。仮名がない時代には、日本語の発音を表すために漢字の（音）を借りて表すようにしました。

・音　・意味

(2) 次の言葉は、「万葉仮名」ではどのように書き表されましたか。——線で結びましょう。

① はる（春）　② なつ（夏）　③ あき（秋）　④ ふゆ（冬）

布由　波留　奈都　安吉

（はる—波留、なつ—奈都、あき—安吉、ふゆ—布由）

68

69頁

仮名の由来（2）

名前

(1) 次の文章は、平仮名と片仮名についてまとめたものです。（　）にあてはまる言葉を、□から選んで書きましょう。

平安時代になると、（漢字）から平仮名・片仮名が作られるようになりました。万葉仮名をくずして（平仮名）が作られました。（片仮名）の多くは、（万葉仮名）の形の一部を取って書くところから作られました。

・平仮名　・片仮名　・漢字　・万葉仮名

(2) 次の漢字からできた万葉仮名・平仮名を——線で結びましょう。

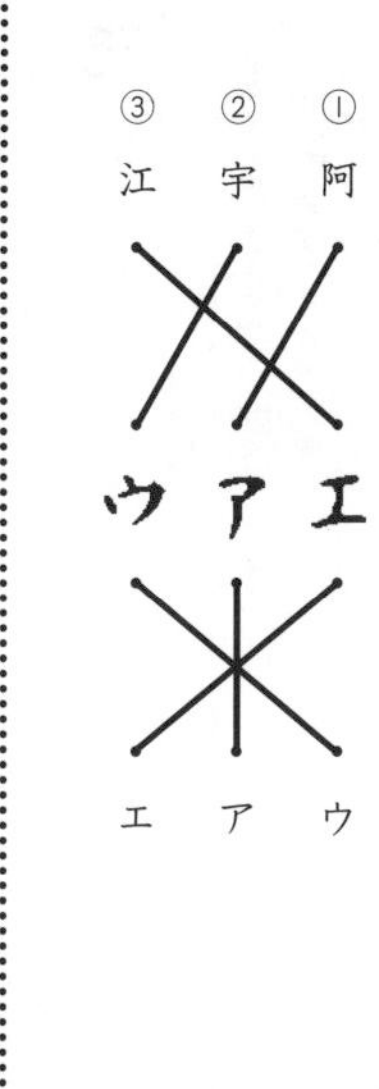

① 安　② 以　③ 保

い　あ　ほ

（安—あ、以—い、保—ほ）

(3) 次の漢字からできた万葉仮名の形の一部・片仮名を——線で結びましょう。

① 阿　② 宇　③ 江

ウ　ア　エ

（阿—ア、宇—ウ、江—エ）

69

70頁

同訓異字（1）漢字を正しく使えるように

名前

● 次の文の（　）に合う言葉を□から選んで書きましょう。

① つとめる
・会社に（勤める）。
・代表を（務める）。
・目標達成に（努める）。

・努める　・務める　・勤める

「会社に行くことを『通勤』というね。」
「代表の『任務』につくともいうよ。」
「目標達成には『努力』するよ。」

② たつ
・となりに家が（建つ）。
・みんなの前に（立つ）。

・立つ　・建つ

「家をたてることを『建築』というよ。」
「人がたちあがることを『起立』というよ。」

③ かえる
・わたしは家に（帰る）。
・荒れ地を畑に（変える）。
・バターをマーガリンに（代える）。

・変える　・帰る　・代える

「『帰宅』するともいうね。」
「『変化』とも言いかえることができるよ。」
「ある物の代わりとして使うことを『代用』というよ。」

70

71頁

同訓異字（2）漢字を正しく使えるように

名前

● 文の意味に合うように、——線でつないで文を作りましょう。

① あける
体育館の戸を　となりの席を　長い夜が
空ける。　明ける。　開ける。

「『夜があける』というのは、『夜明け』と言いかえることができるね。」
「『席があいている』のを『空席』というね。」

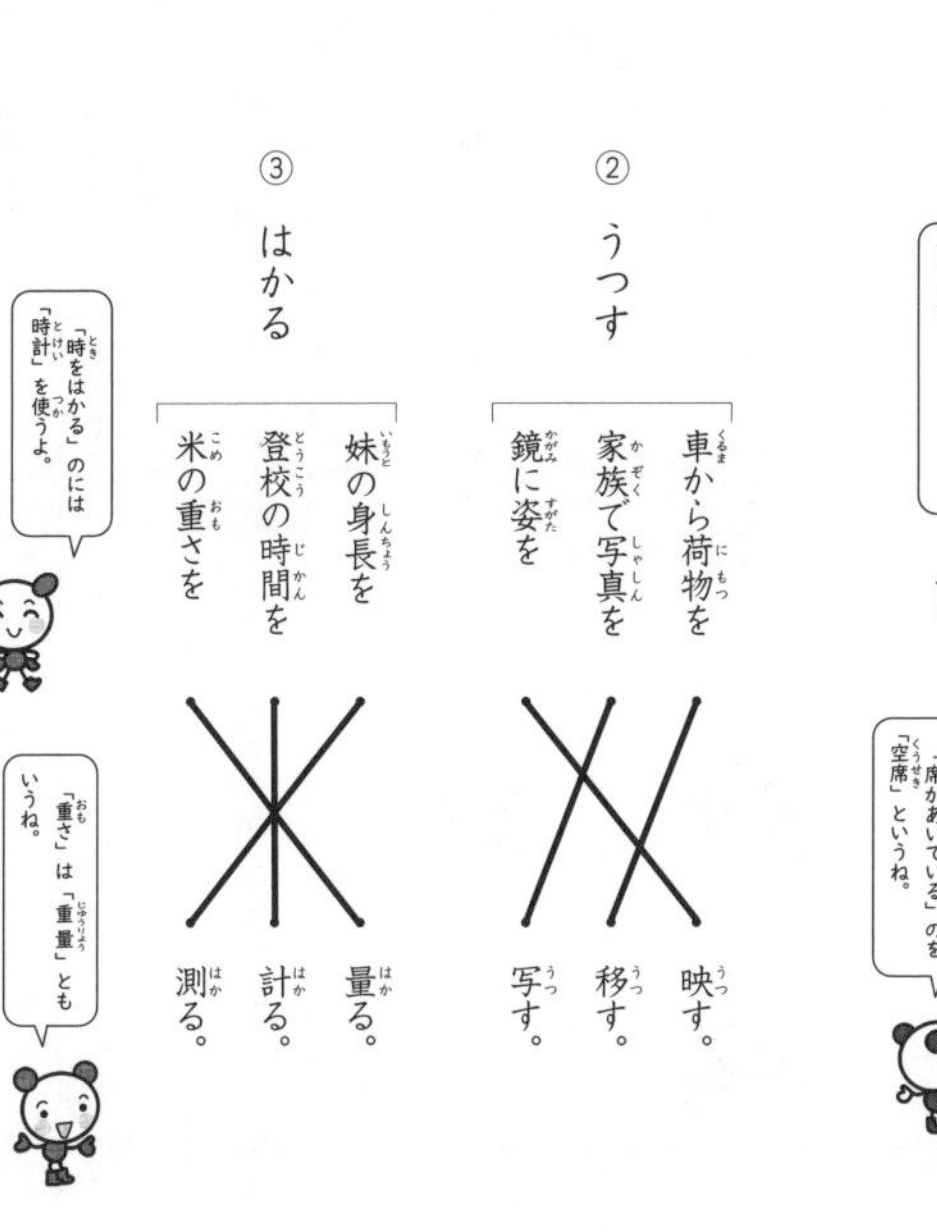

② うつす
車から荷物を　家族で写真を　鏡に姿を
映す。　移す。　写す。

③ はかる
妹の身長を　登校の時間を　米の重さを
量る。　計る。　測る。

「『時をはかる』のには『時計』を使うよ。」
「『重さ』は『重量』ともいうね。」

（体育館の戸を—開ける、となりの席を—空ける、長い夜が—明ける／車から荷物を—移す、家族で写真を—写す、鏡に姿を—映す／妹の身長を—測る、登校の時間を—計る、米の重さを—量る）

71

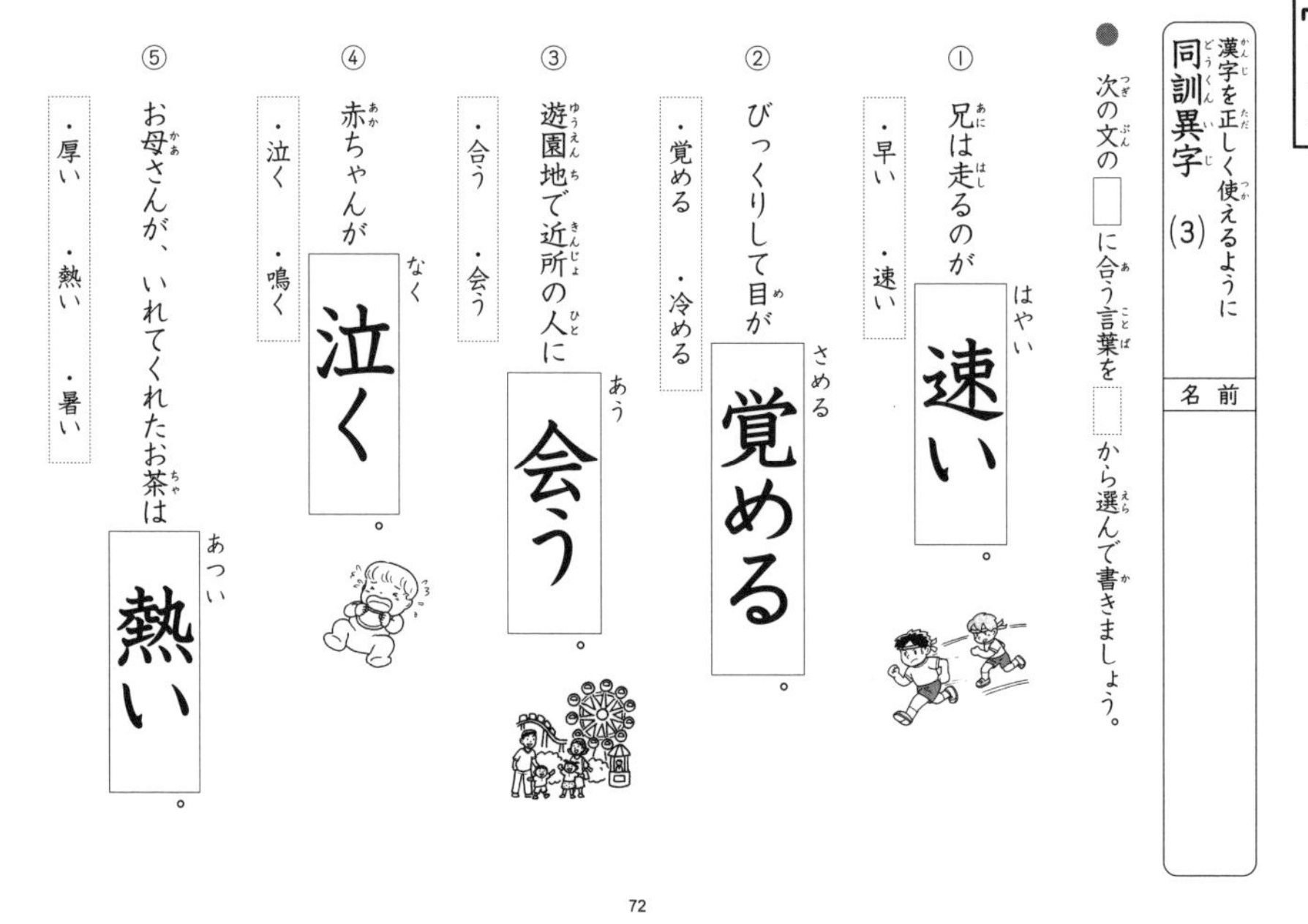

72頁

漢字を正しく使えるように 同訓異字 (3)

名前

● 次の文の□に合う言葉を□から選んで書きましょう。

① 兄は走るのが［速い］。　・早い　・速い

② びっくりして目が［覚める］。　・覚める　・冷める

③ 遊園地で近所の人に［会う］。　・合う　・会う

④ 赤ちゃんが［泣く］。　・泣く　・鳴く

⑤ お母さんが、いれてくれたお茶は［熱い］。　・厚い　・熱い　・暑い

72

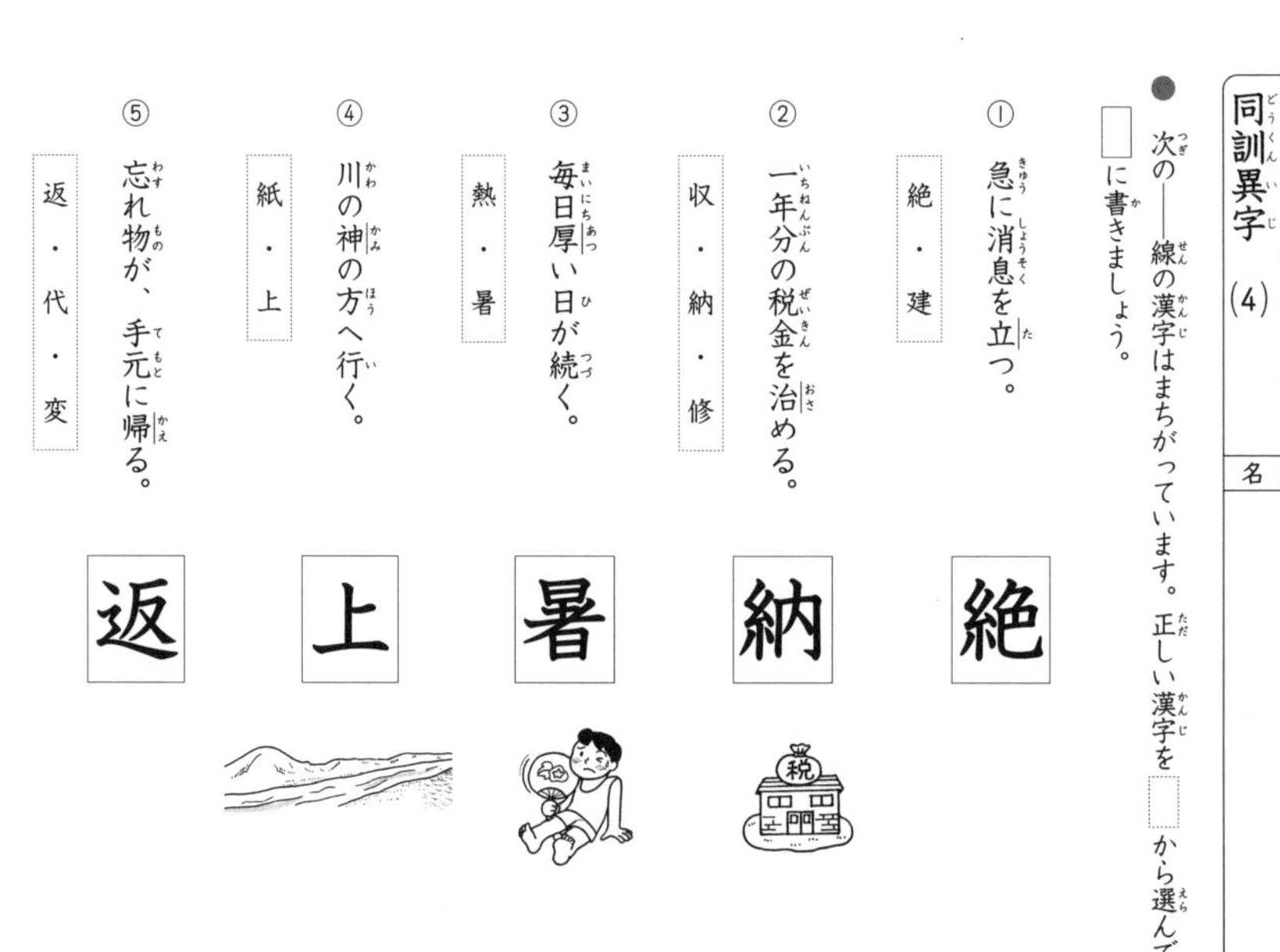

73頁

漢字を正しく使えるように 同訓異字 (4)

名前

● 次の――線の漢字はまちがっています。正しい漢字を□から選んで、□に書きましょう。

① 急に消息を立つ。　絶・建　［絶］

② 一年分の税金を治める。　収・納・修　［納］

③ 毎日厚い日が続く。　熱・暑　［暑］

④ 川の神の方へ行く。　紙・上　［上］

⑤ 忘れ物が、手元に帰る。　返・代・変　［返］

73

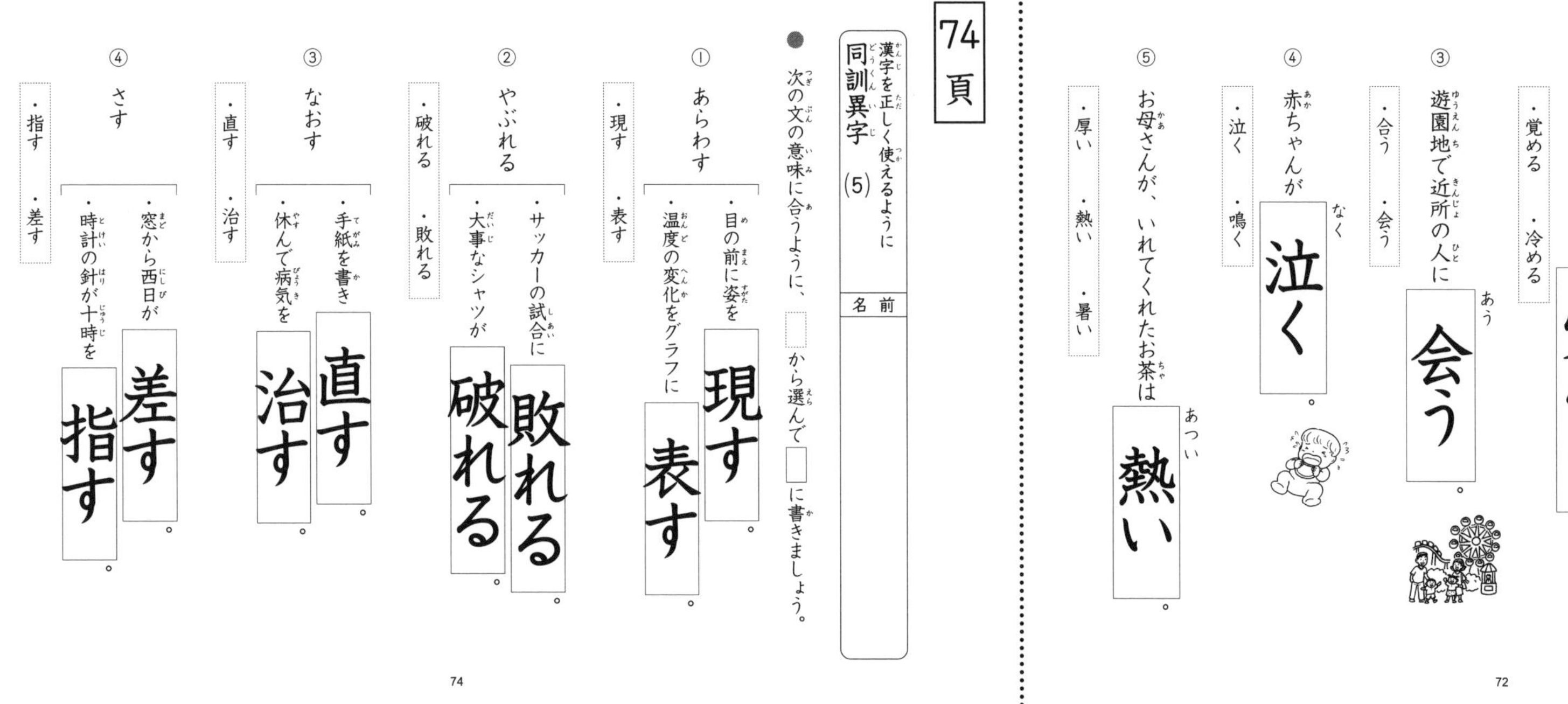

74頁

漢字を正しく使えるように 同訓異字 (5)

名前

● 次の文の意味に合うように、□から選んで□に書きましょう。

① あらわす　・目の前に姿を［現す］。　・温度の変化をグラフに［表す］。　・現す　・表す

② やぶれる　・サッカーの試合に［敗れる］。　・大事なシャツが［破れる］。　・破れる　・敗れる

③ なおす　・手紙を書き［直す］。　・休んで病気を［治す］。　・直す　・治す

④ さす　・窓から西日が［差す］。　・時計の針が十時を［指す］。　・指す　・差す

74

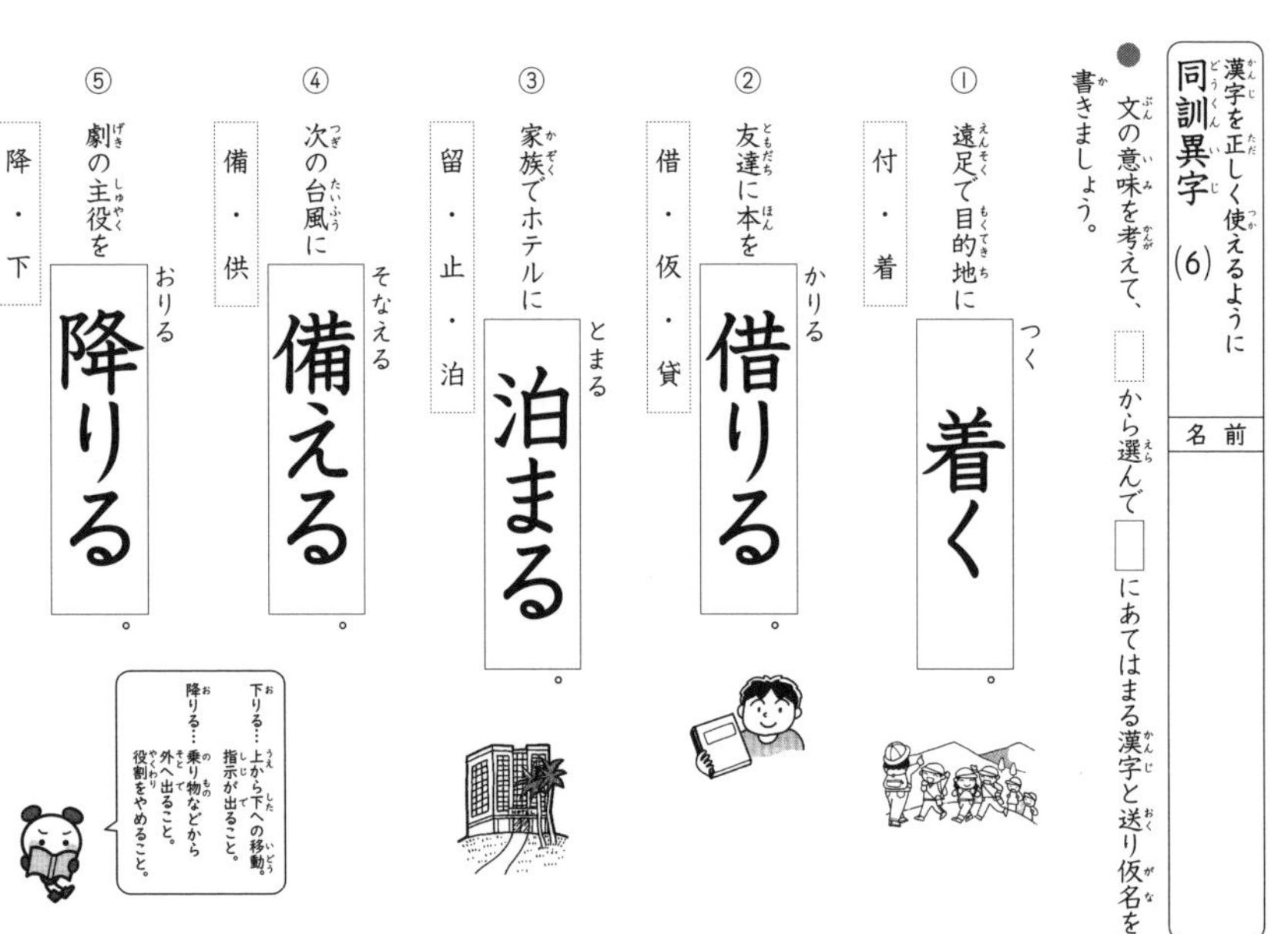

75頁

漢字を正しく使えるように 同訓異字 (6)

名前

● 文の意味を考えて、□から選んで□にあてはまる漢字と送り仮名を書きましょう。

① 遠足で目的地に［着く］。　付・着

② 友達に本を［借りる］。　借・仮・貸

③ 家族でホテルに［泊まる］。　留・止・泊

④ 次の台風に［備える］。　備・供

⑤ 劇の主役を［降りる］。　降・下

下りる…上から下への移動。指示が出ること。
降りる…乗り物などから外へ出ること。役割をやめること。

75

本書の解答は，あくまでもひとつの例です。児童に取り組ませる前に，必ず指導される方が問題を解いてください。指導される方の作られた解答をもとに，児童の多様な考えに寄り添って〇つけをお願いします。

76頁

同音異字 (1)

漢字を正しく使えるように

名前

● 次の□に合う漢字を、それぞれ下の□から選んで書きましょう。

① 家と店を往**復**する。 〔複・復〕

② みんなで**会**食するのが楽しみだ。 〔会・快〕

③ 明日は週**刊**誌の発売日だ。 〔間・刊〕

④ 君はぼくの**親**友だ。 〔親・新〕

⑤ すばらしい出来栄えに**感**心した。 〔感・関〕

⑥ 集会の最**後**に合唱をする。 〔期・後〕

78頁

同音異義語 (1)

漢字を正しく使えるように

名前

● 次の文に合う言葉を、下の□から選んで□に書きましょう。

① イシ
・本人の**意思**に任せる。
・科学者になる**意志**は固い。
・父の職業は**医師**だ。
〔意志・意思・医師〕

② テンショク
・**転職**を希望する。
・医師を**天職**と心得る。
〔転職・天職〕

③ カテイ
・温かい**家庭**を築く。
・結果より**過程**が大事だ。
〔過程・家庭〕

77頁

同音異字 (2)

漢字を正しく使えるように

名前

● 次の□に合う漢字を、下の□から選んで書きましょう。

① カイ
・二**階**建ての家。
・マットで三**回**転する。
・試験**会**場へ着く。

② セイ
・部屋を**清**潔に保つ。
・安**静**にして休む。

③ ソウ
・友達に**相**談する。
・未来の自分を**想**像する。

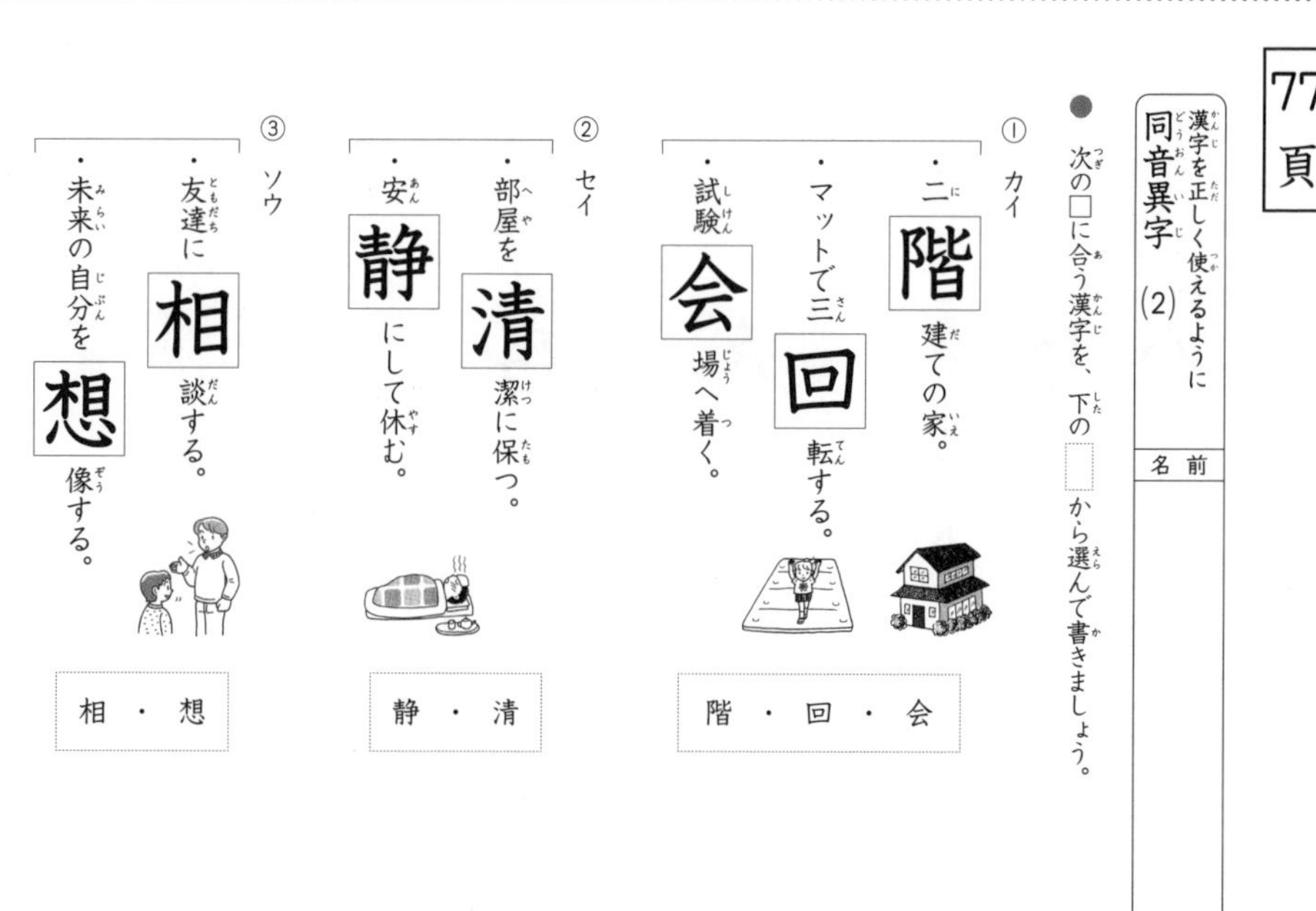

〔階・回・会〕 〔静・清〕 〔相・想〕

79頁

同音異義語 (2)

漢字を正しく使えるように

名前

● 次の文の内容に合う言葉に〇をつけましょう。

① 図書 （〇）委員 （　）医院 に立候補する。

② クリスマスの会で （　）聖火 （〇）聖歌 を歌う。

③ 体のサイズを （〇）正確 （　）性格 に測る。

④ 部長の （〇）指示 （　）支持 に従う。

⑤ ぼくは、イラストに （〇）関心 （　）感心 がある。

⑥ （　）機械 （〇）機会 があれば、いっしょに食事をしよう。

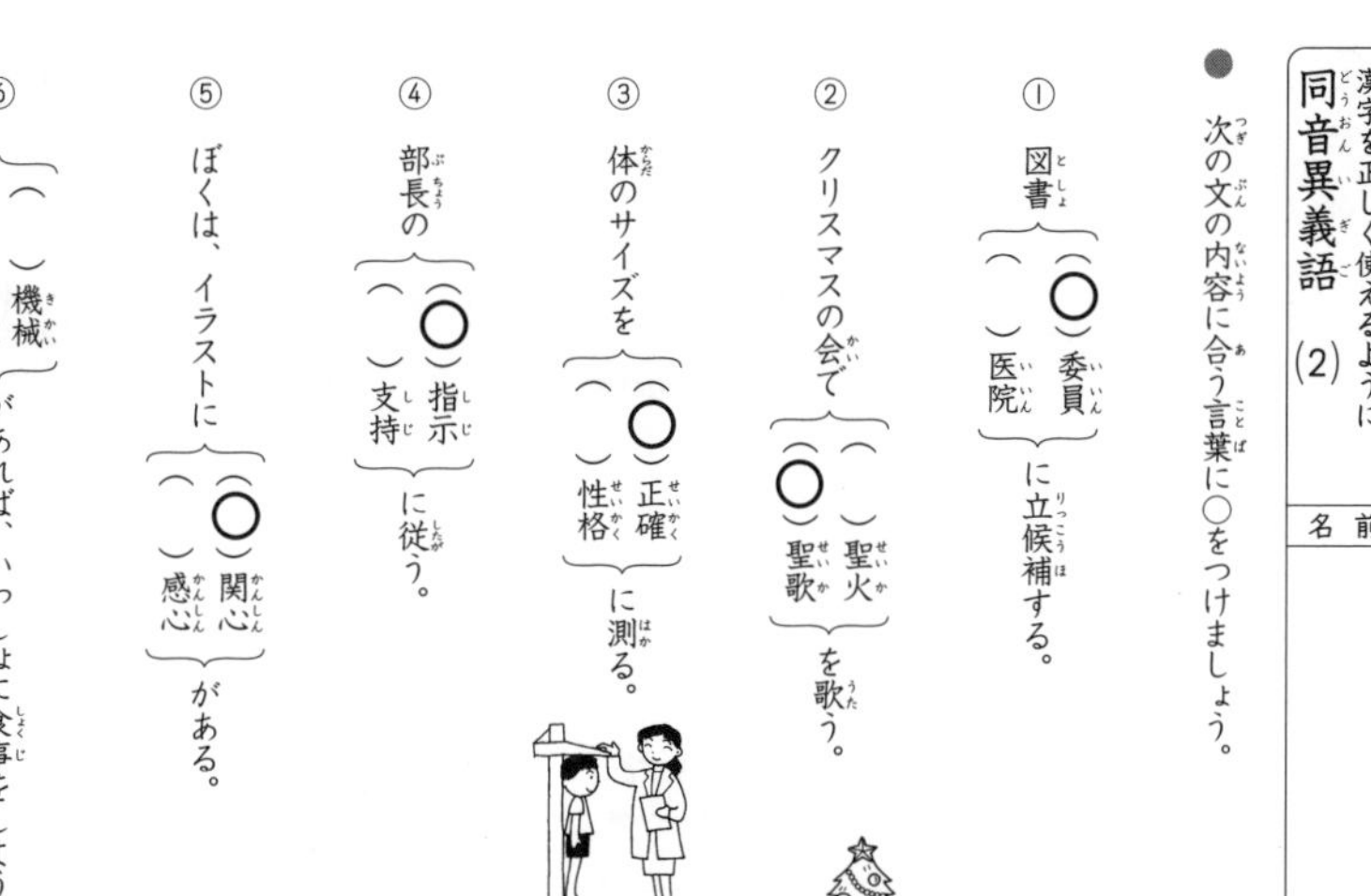

80 頁

漢字を正しく使えるように
同訓異字・同音異字・同音異義語 (1)

名前

● 文の意味を考えて、合うほうに○をつけましょう。

① 夜が{( )空ける／(○)明ける}と、けものが姿を{(○)現した／( )表した}。

② {( )熱い／(○)暑い}ので{( )子かげ／(○)木かげ}で休む。

③ {( )丸い／(○)円い}テーブルの{( )回り／(○)周り}に座る。

④ ミュージカルの{(○)観劇／( )感激}を見る。

⑤ 友達と{(○)会う／( )合う}のは{( )以外／(○)意外}だった。

81 頁

漢字を正しく使えるように
同訓異字・同音異字・同音異義語 (2)

名前

(1) 次の文で、使い方のまちがっている漢字や熟語の横に——線を引いて、( )に正しく書き直しましょう。

① 借りた本を帰す。　(返)

② 今度の発表会には、自身がある。　(信)

③ 朝速く起きて体操をする。　(早)

(2) 次の文中の——線の部分にあてはまる漢字を——線で結びましょう。

① 病気がなおる。
修理に出してなおる。

直る　治る

② りんごをかこうしてジャムにする。
川のかこうに港がある。
飛行機がかこうする。

下降　加工　河口

82 頁

覚えておきたい言葉 (1)

名前

● 文の意味をよく考えて、あてはまる言葉を下の□から選んで□に書きましょう。

【国語】

① ㋐ 物語の段落を区切って読む。
㋑ 文章を要約してまとめる。

・段落　・要約

② ㋐ 文章を読んで、作者の意図を読み取る。
㋑ 文のはじめ・中・終わりの構成を考える。

・構成　・意図

【算数】

① ㋐ 歩く歩数とそのきょりは、比例している。
㋑ 平行な線を引く。

・比例　・平行

② ㋐ さいころの側面の形は、正方形だ。
㋑ 二対三の割合で分ける。

・割合　・側面

83 頁

覚えておきたい言葉 (2)

名前

● 文の意味をよく考えて、あてはまる言葉を下の□から選んで□に書きましょう。

【理科】

① ㋐ アサガオのタネをまいたら発芽した。
㋑ 磁石は鉄を引き寄せる。

・発芽　・磁石

② ㋐ マメの子葉の中には養分がある。
㋑ 塩水を蒸発させる。

・蒸発　・養分

【社会】

① ㋐ 日本は原油を輸入している。
㋑ 日本は国際連合に加盟している。

・国際　・輸入

② ㋐ 国会議員は選挙で選ばれる。
㋑ 私たちには教育を受ける権利がある。

・選挙　・国会　・権利

本書の解答は，あくまでもひとつの例です。児童に取り組ませる前に，必ず指導される方が問題を解いてください。指導される方の作られた解答をもとに，児童の多様な考えに寄り添って○つけをお願いします。

84頁

敬語 (1)　名前

● 次の言葉を、それぞれ敬語で表すとどんな言い方になるでしょう。――線で結んで答えましょう。

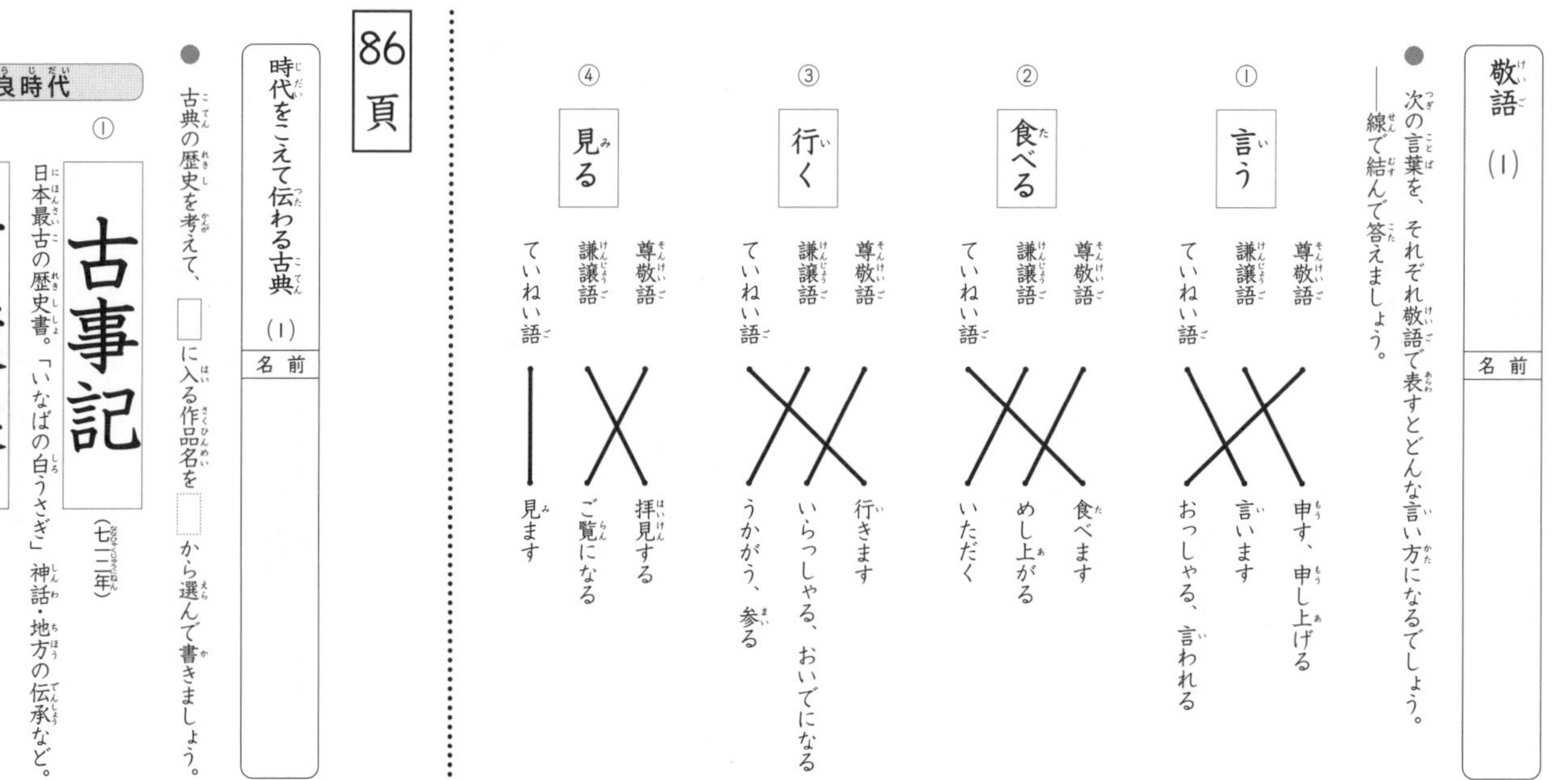

① 言う
- 尊敬語 ― おっしゃる、言われる
- 謙譲語 ― 申す、申し上げる
- ていねい語 ― 言います

② 食べる
- 尊敬語 ― めし上がる
- 謙譲語 ― いただく
- ていねい語 ― 食べます

③ 行く
- 尊敬語 ― いらっしゃる、おいでになる
- 謙譲語 ― うかがう、参る
- ていねい語 ― 行きます

④ 見る
- 尊敬語 ― ご覧になる
- 謙譲語 ― 拝見する
- ていねい語 ― 見ます

85頁

敬語 (2)　名前

(1) 次の文で敬語が正しく使われている方に○をつけましょう。

① 【尊敬語で】
( ) 先生はもうすぐ来ます。
(○) 先生はもうすぐいらっしゃいます。

② 【ていねい語で】
(○) わたしは昼ごはんを食べます。
( ) わたしは昼ごはんをめし上がります。

③ 【謙譲語で】
(○) 来ひんの方を、会場までご案内いたします。
( ) 来ひんの方を、会場までご案内してあげます。

(2) 次の文を〈 〉の敬語の使い方の文に書き直しましょう。

① 日曜日に行きます。〈謙譲語で〉
(例) 日曜日にうかがいます。

② 先生がご飯を食べる。〈尊敬語で〉
(例) 先生がご飯をめし上がる。

86頁

時代をこえて伝わる古典 (1)　名前

● 古典の歴史を考えて、□に入る作品名を□から選んで書きましょう。

奈良時代

① 古事記 (七一二年)
日本最古の歴史書。「いなばの白うさぎ」神話・地方の伝承など。

② 万葉集 (奈良時代の末)
現存する日本最古の歌集。

・万葉集　・古事記

平安時代

平仮名と片仮名が生まれる。

③ 竹取物語
日本で初めての物語。作者不明。

④ 枕草子 (一〇〇一年ごろ)
清少納言によって書かれた作品。随筆の始まり。

⑤ 源氏物語 (一〇〇八年ごろ)
紫式部によって書かれた作品。長編物語。

・枕草子　・源氏物語　・竹取物語

87頁

時代をこえて伝わる古典 (2)　名前

● 古典の歴史を考えて、□に入る作品名を□から選んで書きましょう。

鎌倉・室町時代

① 平家物語
武士の一族が栄え、ほろんでいくさまが書かれている。作者不明。

② 徒然草 (一三三一年ごろ)
兼好法師による作品。

③ 御伽草子
人々の間で流行した、「一寸法師」「浦島太郎」などの絵の入った短い物語。作者不明。

・御伽草子　・平家物語　・徒然草

江戸時代

町人が文化の中心となる。

④ おくのほそ道 (一六九四年ごろ)
松尾芭蕉によって書かれた、旅での出来事や感じたことが、俳句を交えてえがかれている作品。紀行文。

⑤ 東海道中膝栗毛 (一八〇二年)
十返舎一九によって書かれた、町人の生活や、出来事が人情味豊かにえがかれている作品。

・東海道中膝栗毛　・おくのほそ道

88頁

言葉の宝箱 考えや気持ちを伝える言葉 (1) 名前

● 次の人物や事物を表す言葉を□から選んで□に書きましょう。

①
㋐ 姉は 楽観的 で、とても明るい。
㋑ 病気をすると 悲観的 になりがちだ。

・楽観的 ・悲観的

②
㋐ つい 感情的 にカッとなる。
㋑ 落ち着いて 理性的 に考える。

・理性的 ・感情的

③
㋐ 理想的 な食事を考える。
㋑ 実行するには、現実的 な課題がある。

・理想的 ・現実的

89頁

言葉の宝箱 考えや気持ちを伝える言葉 (2) 名前

(1) 文中の──線の人物や事物を表す言葉と、よく似た意味を表す言葉を──線で結びましょう。

①
的確な指示をする。
同一人物が現れる。
それは不確かな答えだ。

等しい
あいまい
確実

②
弟はその役にうってつけだ。
誠実な性格が好かれる。
正直に物を言う。

率直
適切
真面目

(2) 次の文の（ ）にあてはまる言葉を□から選んで書きましょう。

・わたしは、細かな作業をするのには、（不向き）だ。
・（不規則）な生活は、健康に悪い。

・不規則 ・不向き

90頁

言葉の宝箱 考えや気持ちを伝える言葉 (3) 名前

(1) 次の心情を表す言葉の中で、ちがった意味のもの一つに○をつけましょう。

①
（ ）待ち望む
（○）失望
（ ）胸をふくらませる
（ ）意気ごむ

②
（ ）晴れやか
（ ）解放感
（ ）かたの荷が下りる
（○）なごりおしい

(2) 次の文の（ ）にあてはまる考え方を表す言葉を、□から選んで書きましょう。

① わたしは、運動が好きです。（中でも）、ボール運動が好きです。
② 明日は、社会見学の予定です。雨（の場合は）、中止です。
③ 参加者の（多くは）、子どもです。

・の場合は ・多くは ・中でも

91頁

漢文に親しむ (1) 名前

● 次の文について答えましょう。

㋐ 百聞不如一見

① ㋐の文を日本の書き方にすると、どうなりますか。○をつけましょう。
（ ）「百聞は一見にあらず」
（○）「百聞は一見にしかず」

② ㋐のような文を何といいますか。□から選んで（ ）に書きましょう。
（漢文）

・和文 ・漢文 ・散文

③ ㋐の文の意味として、使い方の正しい方に○をしましょう。
（○）絵のすばらしさを何度聞いてもわからなかったけれど、実際に見ると、よくわかった。
（ ）一回見てもわからない良さは、何度も聞いて理解しよう。

解答例

本書の解答は，あくまでもひとつの例です。児童に取り組ませる前に，必ず指導される方が問題を解いてください。指導される方の作られた解答をもとに，児童の多様な考えに寄り添って○つけをお願いします。

92頁

漢文に親しむ (2)

名前

● 次の㋐㋑の漢文を読んで問いに答えましょう。

㋐ 聞一以知十

① ㋐の漢文を日本の書き方にした文に○をつけましょう。

(○) 一を聞きて以って十を知る。

( ) 聞くは一つ、以って知るのは十。

② ㋐の漢文の意味が正しく書かれている方に○をつけましょう。

( ) 聞くのは一回、教えてもらえるのは十回。

(○) 一部分を聞いただけで、全体のことをさとる。

㋑ 子曰はく、「故きを温めて新しきを知る、以って師となるべし。」と。

① ㋑の漢文から生まれた言葉はどれでしょう。○をつけましょう。

(○) 温故知新

( ) 三寒四温

② ――線の言葉の意味に合う文に○をつけましょう。

( ) 古い冷めた物をじっくりあたためて

(○) 昔のことをじっくり学んで

93頁

文と文とのつながり (1)

名前

● 次の文は、どんなつながりでできていますか。――線の言葉に気をつけて、あてはまるものを□から選んで( )に記号で答えましょう。

① お楽しみ会は、楽しかった。その理由は、手品を見ることができたからだ。 (ウ)

② お楽しみ会は、楽しかった。なぜなら、手品を見ることができたからだ。 (イ)

③ お楽しみ会は、楽しかった。楽しかった理由は、手品を見ることができたからだ。 (ア)

㋐ 一文目の言葉をくり返して用いる。
㋑ つなぐ言葉でつなげる。
㋒ 指し示す言葉でつなげる。

94頁

文と文とのつながり (2)

名前

● 次の二つの文を□から言葉を選んで、①②③のそれぞれの方法で、つながりのある文にしましょう。

・毎日水をやった。
・大きなかぶができた。

① 指し示す言葉でつなげる。

毎日水をやった。その結果、大きなかぶができた。

② つなぐ言葉でつなげる。

毎日水をやった。だから、大きなかぶができた。

③ 一文目の言葉のくり返しでつなげる。

毎日水をやった。毎日水をやったから、大きなかぶができた。

・だから、　・毎日水をやったから、　・その結果、

95頁

文と文とのつながり (3)

名前

● 次の㋐㋑の二つの文を比べて、問いに答えましょう。

㋐ ヒマワリは、キク科の一年草の植物です。ヒマワリは、花が太陽を向くことで知られています。ヒマワリは、夏の季語でもあります。

㋑ ヒマワリは、キク科の一年草の植物です。花が太陽を向くことで知られています。夏の季語でもあります。

① 少しくどいように感じるのは、㋐㋑のどちらですか。 (ア)

② 文のつながりがすっきりとして分かりやすいのは、㋐㋑のどちらですか。 (イ)

③ ㋐㋑の文に共通する主語にあたる言葉を書きましょう。

ヒマワリ

96頁

表現をくふうする

名前

(1) 次の文で比喩を使って表現している部分に――線を引きましょう。

〈例〉 問題が解決して、雲に乗ったような気持ちだ。

① かわいい子犬が座っている姿は、ぬいぐるみの人形だ。

② 頂上からのながめは、心が洗われるような景色だ。

(2) 次のような様子の時に使う比喩にあたる言葉を――線で結びましょう。

① とても生き生きとしている。 ― 水を得た魚のよう

② その場にいる多くの人々が静まりかえる。 ― 水を打ったよう

③ 辺りが明るくなる。 ― 花がさいたよう

97頁

ことばあつめ (1)

名前

(1) 次の文で、原因と結果の関係をうまく表すように――線で結びましょう。

① 母が届けてくれたおかげで ― 忘れ物をしなかった。

② 朝あわてて家を出たせいで ― 忘れ物をした。

③ 大きな音がしたから ― 赤ちゃんが起きてしまった。

④ 肥料をたくさんやったので ― 大きく実った。

(2) 次の文で、原因と結果の関係が表現されている言葉に――線を引きましょう。

〈例〉 台風が来るから、休校になった。

① みんなの希望により、学級会を開くことになった。

② 花がかれてしまった原因は、雨が降らなかったからだ。

③ 道路工事のせいで、通行止めになっている。

98頁

ことばあつめ (2)

名前

● 次の二つの文を□の言葉でつないで、原因と結果を表す一つの文にしましょう。

① 大雨が続いた。川の水があふれた。 **から**

大雨が続いたから、川の水があふれた。

② 犬が大きな声でほえた。妹が泣いてしまった。 **ので**

犬が大きな声でほえたので、妹が泣いてしまった。

③ 近くにお店ができた。買い物が便利になった。 **おかげで**

近くにお店ができたおかげで、買い物が便利になった。

99頁

さまざまな読み方 (1)

名前

● ――線の漢字の読み方を、□から選んで（ ）に書きましょう。

① ・いろがみ ・しきし
- ㋐ 色紙でつるを折る。 （いろがみ）
- ㋑ 色紙に寄せ書きをする。 （しきし）

② ・うわて ・じょうず ・かみて
- ㋐ 舞台の上手から登場する。 （かみて）
- ㋑ 妹は絵をかくのが上手だ。 （じょうず）
- ㋒ 相手の上手をいく。 （うわて）

③ ・ひととき ・いっとき
- ㋐ お客が一時におしかける。 （いっとき）
- ㋑ 楽しい一時を過ごす。 （ひととき）

④ ・おりる ・ふる
- ㋐ 父が電車から降りる。 （おりる）
- ㋑ 今日は、雨が降る。 （ふる）

解答例

本書の解答は，あくまでもひとつの例です。児童に取り組ませる前に，必ず指導される方が問題を解いてください。指導される方の作られた解答をもとに，児童の多様な考えに寄り添って○つけをお願いします。

100頁

さまざまな読み方（2）

名前

● ――線を引いた漢字の読み方を、□から選んで（　）に書きましょう。

①
㋐ 水族館を見物する。（けんぶつ）
㋑ それは見物だ。（みもの）

・みもの　・けんぶつ

②
㋐ 下手な絵をかく。（へた）
㋑ 舞台の下手に立つ。（しもて）
㋒ こちらが下手に出る。（したて）

・したて　・へた　・しもて

③
㋐ この薬はとても苦い。（にがい）
㋑ せきが出て、苦しい。（くるしい）

・にがい　・くるしい

101頁

特別な読み方の言葉（1）

名前

● ――線を引いた漢字の読み方を、□から選んで書きましょう。

①
㋐ 二日と（ふつか）二十日に店が開きます。（はつか）
㋑ 一日は、（ついたち）わたしの誕生日です。

・ついたち　・はつか　・ふつか

②
㋐ 昨日は（きのう）河原で遊びました。（かわら）
㋑ 今日は（きょう）友達の部屋で遊びます。（へや）

・きょう　・きのう　・へや　・かわら

③
㋐ 姉さんは、（ねえさん）真っ赤な（まっか）眼鏡をかけている。（めがね）
㋑ 真っ青な空と海の（まっさお）景色が美しい。（けしき）

・ねえさん　・けしき　・めがね　・まっか　・まっさお

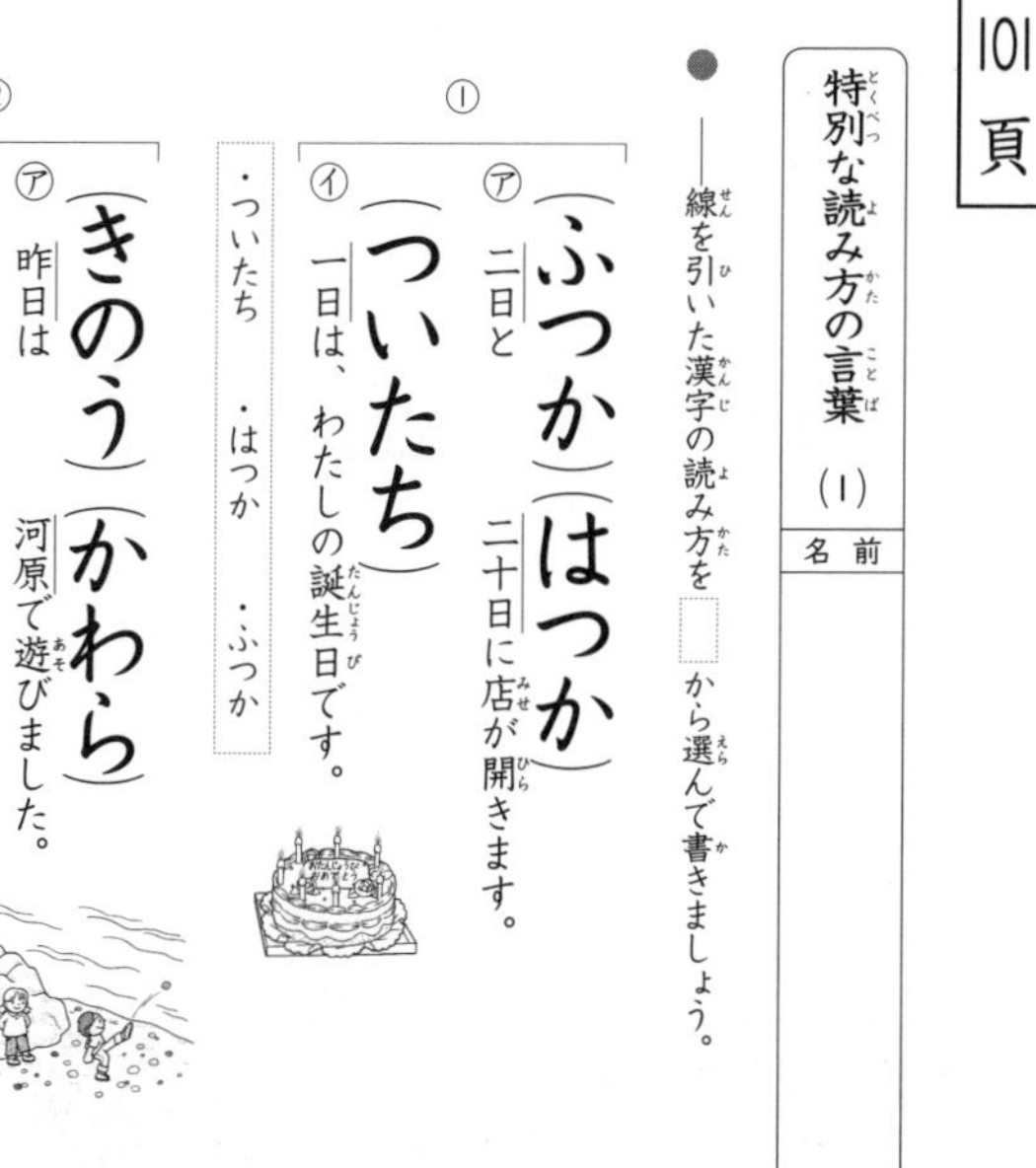

102頁

特別な読み方の言葉（2）

名前

● ――線の読み方をする漢字を□から選んで□に書きましょう。

①
㋐ ことしの夏は、暑かった。［今年］
㋑ けさは早く起きた。［今朝］

・今年　・今朝

②
㋐ 岩の間からしみずがわき出る。［清水］
㋑ 駅でまいごになる。［迷子］

・迷子　・清水

③
㋐ やおやへ買い物に行く。［八百屋］
㋑ 好きなくだものはいちごだ。［果物］

・八百屋　・果物

喜楽研 WEB サイト
書籍の最新情報（正誤表含む）は
喜楽研 WEB サイトをご覧下さい。

喜楽研の支援教育シリーズ
もっと　ゆっくり　ていねいに学べる
個別指導に最適

読解ワーク 基礎編 6-②

光村図書・東京書籍・教育出版の
教科書教材などより抜粋

2023 年 3 月 1 日

執筆協力者：羽田　純一　他
イ ラ ス ト：山口　亜耶・浅野　順子　他
表紙イラスト：山口　亜耶
表紙デザイン：エガオデザイン
企 画・編 著：原田　善造・あおい　えむ・今井　はじめ・さくら　りこ
中　あみ・中　えみ・中田　こういち・なむら　じゅん
はせ　みう・ほしの　ひかり・堀越　じゅん・みやま　りょう（他４名）
編 集 担 当：長谷川　佐知子・堀江　優子

発　行　者：岸本　なおこ
発　行　所：喜楽研（わかる喜び学ぶ楽しさを創造する教育研究所：略称）
〒604-0827　京都府京都市中京区高倉通二条下ル瓦町 543-1
TEL 075-213-7701　FAX 075-213-7706　HP https://www.kirakuken.co.jp
印　　　刷：株式会社米谷

ISBN : 978-4-86277-420-0

Printed in Japan